cartas a um jovem
herdeiro
Renato Bernhoeft

Organização: Renata Bernhoeft

*a herança não vem com
manual de instruções*

cartas a um jovem

herdeiro

Renato Bernhoeft

Organização: Renata Bernhoeft

a herança não vem com manual de instruções

ALTA BOOKS
E D I T O R A
Rio de Janeiro, 2018

Cartas a um jovem herdeiro
Copyright © 2018 da Starlin Alta Editora e Consultoria Eireli. ISBN: 978-85-508-0222-0

Todos os direitos estão reservados e protegidos por Lei. Nenhuma parte deste livro, sem autorização prévia por escrito da editora, poderá ser reproduzida ou transmitida. A violação dos Direitos Autorais é crime estabelecido na Lei nº 9.610/98 e com punição de acordo com o artigo 184 do Código Penal.

A editora não se responsabiliza pelo conteúdo da obra, formulada exclusivamente pelo(s) autor(es).

Marcas Registradas: Todos os termos mencionados e reconhecidos como Marca Registrada e/ou Comercial são de responsabilidade de seus proprietários. A editora informa não estar associada a nenhum produto e/ou fornecedor apresentado no livro.

Impresso no Brasil.

Obra disponível para venda corporativa e/ou personalizada. Para mais informações, fale com projetos@altabooks.com.br

Projeto Gráfico
Folio Design

Foto da capa
Luciana Cattani e Gabriel Boeiras

Copidesque
Shirley Lima da Silva Braz

Editoração Eletrônica
Estúdio Castellani

Revisão Gráfica
Edna Rocha e Mariflor Brenlla Rial Rocha

Produção Editorial
LTC Livros Tec. Cientif. Editora Ltda – CNPJ: 33.829.698/0007-05

Erratas e arquivos de apoio: No site da editora relatamos, com a devida correção, qualquer erro encontrado em nossos livros, bem como disponibilizamos arquivos de apoio se aplicáveis à obra em questão.

Acesse o site www.altabooks.com.br e procure pelo título do livro desejado para ter acesso às erratas, aos arquivos de apoio e/ou a outros conteúdos aplicáveis à obra.

Suporte Técnico: A obra é comercializada na forma em que está, sem direito a suporte técnico ou orientação pessoal/exclusiva ao leitor.

A editora não se responsabiliza pela manutenção, atualização e idioma dos sites referidos pelos autores nesta obra.

CIP-BRASIL. CATALOGAÇÃO-NA-FONTE
SINDICATO NACIONAL DOS EDITORES DE LIVROS, RJ

B448c	Bernhoeft, Renato, 1942	
	Cartas a um jovem herdeiro: a herança não vem com um manual de instruções / Renato Bernhoeft; Organização Renata Bernhoeft – Rio de Janeiro: Alta Books, 2018.	
	ISBN 978-85-508-0222-0	
	1. Empresas familiares – Administração. 2 Administração de empresas. 3. Empresários I. Título. II. Série	
04-2359.		CDD: 658.144.1
		CDU: 658.144.1

Rua Viúva Cláudio, 291 — Bairro Industrial do Jacaré
CEP: 20970-031 — Rio de Janeiro - RJ
Tels.: (21) 3278-8069 / 3278-8419
www.altabooks.com.br — altabooks@altabooks.com.br
www.facebook.com/altabooks

Dedico este livro aos fundadores e herdeiros com os quais aprendi e me identifiquei, ao longo desses 43 anos, no processo de continuidade da Empresa Familiar.

E aos netos, Belén, Martín, Manú, Luisa, Liz, Alex e Tom, na esperança de continuidade dos sonhos de pai, avô e empresário.

SUMÁRIO

1	Ser Herdeiro	1
2	Sucessão	27
3	Ser Sócio	61
4	Projeto De Vida	87
5	A Educação De Acionistas	109
6	Família Empresária	141

SIGNIFICADOS DE UMA CARTA

Estimado herdeiro,

Escrever cartas nos dias atuais é algo cada vez mais raro. Pelo menos dentro daquele propósito de sentar-se e escrever uma mensagem para alguém, que pode estar distante ou perto. Este gesto tem o significado de estar pensando na pessoa e querer compartilhar sentimentos, expectativas, desejos ou simplesmente manifestar afeto e carinho.

A rapidez das mensagens eletrônicas tem tirado um pouco daquele ar de espera e ansiedade pela resposta. Hoje, ela pode ser imediata. E, por isso, muitas vezes existe um certo temor de que uma mensagem já não provoque uma parada para a reflexão. Em muitos casos, uma carta era relida inúmeras vezes antes de ser respondida.

Ou até mais, mesmo depois que a resposta tivesse sido enviada, continuava-se a leitura da carta para renovar os sentimentos ou descobrir "algo" que não tínhamos percebido na leitura anterior. É mais ou menos como aquele filme que já vimos e às vezes "bate" um desejo de rever. E cada vez que o apreciamos, descobrimos novos significados, falas, cenas ou mensagens que não tínhamos percebido nas vezes anteriores.

Vale sempre lembrar que o ato de escrever tem inúmeros significados. Escrever um diário — hábito também pouco preservado nos dias atuais — significa que, em algum momento, por inúmeras razões de ordem íntima, resolve-se colocar no papel o conjunto de sentimentos e ideias que estamos vivendo. É uma manifestação escrita cujo desejo original é que não seja divulgado para ninguém. Tem um caráter de desabafo ou registro de um momento, que poderá até ser revisto ou revisitado no futuro. Mas é íntimo. É algo bastante comum entre adolescentes na fase das descobertas das primeiras dúvidas, medos, emoções provocadas pelo amor e pelo confronto com seus próprios sentimentos.

Escrever um artigo ou livro já possui outros significados e razões. Escreve-se para divulgar e ser exposto à crítica, o que exige muito mais cuidado, tanto no conteúdo como no estilo.

Mas escrever uma carta é um ato precedido e acompanhado de uma série de momentos muito especiais. Significa que o sentimento daquilo que vamos colocar no papel tem como finalidade também ser compartilhado. Portanto, estou refletindo não apenas sobre algo que sinto, mas, de forma muito especial, sobre o significado e os impactos que cada ideia, sentimento ou palavra poderá provocar no destinatário.

O ato de escrever é precedido de uma elaboração mental muito intensa e mesclada com as emoções que a outra pessoa poderá sentir quando fizer a leitura.

Quem sabe podemos até arriscar dizer que uma carta é um ato de muita intimidade a ser compartilhado. E não, necessariamente, apenas entre duas pessoas.

Cartas podem ser lidas, guardadas, rasgadas, divulgadas ou até servir de provas para querelas ou disputas futuras. Enfim, elas são manifestações que podem ser formais ou informais, intencionais ou espontâneas e que podem se prestar a diferentes interpretações ou reações no futuro.

Quem sabe seja por esta razão que existe um antigo e pouco conhecido provérbio que contém os seguintes ensinamentos: "Antes de falar algo, pense dez vezes. Mas, antes de escrever qualquer manifestação, trate de refletir cem vezes."

Mas cartas servem também como uma forma literária que pessoas com alguma vivência procuram compartilhar com os mais jovens. Não significam ensinamentos unilaterais, até porque isto não funciona. Tampouco uma tentativa de ensinar "o caminho das pedras" por antecipação.

Estas *Cartas a um jovem herdeiro* buscam estimular reflexões sobre um processo que é bastante delicado e complexo.

O processo de aprendizagem é muito individual e exige de cada um humildade e determinação para uma descoberta muito própria sobre as formas de se comportar e agir frente a cada situação.

Este conjunto de cartas não esgota o tema. Apenas levanta alguns pontos de alerta para que herdeiros, fundadores, pais e familiares possam interagir e trocar, da forma mais eficaz e respeitosa, suas percepções sobre o papel e os desafios do herdeiro.

Estimado herdeiro. Compartilho com você estas cartas não apenas no papel de consultor que vive este tema por aproximadamente trinta anos, mas também como um pai e fundador que sonhou e criou algo que se tornou maior do que o criador. Portanto, alguém que viveu e vive esta experiência no seu cotidiano.

Cada palavra, linha ou parágrafo estão carregados não apenas de significados, mas também de alegrias, emoções, dúvidas e descobertas.

Mas estas cartas não devem ser vistas como soluções para as suas interrogações. Elas devem ser lidas e refletidas como uma provocação para que você busque seu próprio caminho.

Receba-as com um afetuoso e emocionado abraço.

Cordialmente...

Mensagem inicial de uma herdeira

Também sou uma herdeira de um legado diferente e especial, como cada um de vocês. Sou Renata, a quarta filha mulher dos cinco filhos de Rosa e Renato Bernhoeft, um casal de empreendedores. Acredito que nunca tenha sido incentivada a entrar para o ramo da família — consultoria —, pois os esforços de meus pais não eram de fato ainda um "negócio", mas apenas uma profissão e uma forma de ganhar a vida. Foi depois de minha faculdade, Administração Hoteleira. Após ter trabalhado numa grande empresa familiar de alimentos e ter aberto dois empreendimentos, patrocinados pelos meus pais, junto com minha irmã, é que tive consciência de que gostaria de aprender o "ofício da família". Sempre gostei de estudar e aprender. Bati primeiro à porta de minha mãe, que tem sua própria empresa. Disse-lhe que gostaria de aprender e que, se fosse para ser sua secretária, eu iria buscar uma colocação no mercado, e assim comecei. Pouco tempo depois, eu me sentia muito identificada com o trabalho realizado por meu pai e lentamente comecei um processo de transição para me juntar a ele. Foram tempos de descoberta e aprendizado, de convivência gratificante, mas também difícil. Incrementei minha formação com a pós-graduação em Terapia Familiar e um MBA Executivo. Nem parece, mas já estou aqui há dez anos e me sinto muito realizada pela escolha que fiz. O privilégio de trabalhar junto às famílias empresárias e poder fazer algo que agrega valor, não apenas às empresas, mas também às vidas destas pessoas, me faz acreditar que estou dando continuidade a uma importante missão.

Compartilhando uma reflexão muito pessoal me dou conta de que talvez o desafio de ajudar meu pai a organizar este livro seja um paralelo com aquilo que vivem todos os herdeiros. Meu pai sempre escreveu, criou sua marca pessoal e hoje possui seu público. Escrever ao lado dele significa ultrapassar dilemas que são comuns ao universo das famílias empresárias e que pretendo compartilhar à medida que avançarmos nas cartas escritas pelo empresário, sócio, pai e fundador Renato Bernhoeft.

Minha tarefa neste livro foi a de organizar e fazer a introdução para cada bloco de cartas, expondo reflexões, conceitos e experiências que visam criar a base para a leitura na visão das novas gerações.

Sempre encarei as cartas como uma forma alternativa de me comunicar. Talvez deva isto à origem que tenho, um misto de Alemanha e Peru. Ela me trouxe uma dose de lógica e estrutura, mas também uma forma passional e intensa de viver. Quando se escreve, deve-se pensar antes de traduzir o pensamento em palavras e registrá-las. Cartas, ao serem lidas, são uma forma de comunicação interessante e reflexiva. Elas não são diálogos, não permitem interrupções, nem respostas imediatas, e impedem mudanças de rumo no meio do caminho. Quando se lê, pode-se ir até o final, digerir o que está proposto e elaborar o que poderá ser a resposta. Cartas são, hoje em dia, comunicações corajosas, que desafiam as rápidas formas disponíveis e nos permitem dizer aquilo que talvez ainda não estejamos prontos para falar ao vivo. Inclusive cartas escritas para si próprio, na forma de um diário, ou cartas que nunca serão entregues. Elas podem significar formas de solucionar pendências ou enxergar assuntos em perspectiva.

Pensando no objetivo destas cartas, é necessário pontuar que existe um senso comum de que ser herdeiro é algo positivo, maravilhoso e visto como invejável. A maioria das pessoas acredita que o fato de ser o filho(a) de alguém famoso, rico ou bem-sucedido garante, por si só, a resolução de todos os problemas da vida e permite apenas relaxar. A esta altura, você já sabe que não é bem assim. Ter uma origem forte pode apoiar ou abafar a personalidade. Pode transformar-se numa grande oportunidade ou num fardo. E caberá a cada um escolher qual o caminho a tomar para construir sua própria história.

Quero chamar a atenção para o fato de utilizarmos, ao longo do livro, a expressão "herdeiro". Ela engloba não somente os filhos homens, mas também as filhas e eventualmente esposas que, ao longo do processo, também são herdeiras. Em diversas culturas ao redor do mundo a vida de um empresário é, em geral, voltada a despertar em seus filhos homens o gosto pelos negócios. Seu papel de empreendedor e líder muitas vezes inspira nos filhos a forte tendência a seguir e repetir seu bem-sucedido modelo. Para as filhas, as expectativas são diferentes e, em geral, elas sofrem menor pressão para participar ou trabalhar na empresa da família. Têm mais liberdade para escolher carreiras alternativas, mudar em função de casamento ou afastar-se para cuidar dos filhos. O que, a princípio, pode parecer uma desvantagem acaba tornando-se um ponto a favor, pois os filhos homens tendem a envolver-se e desgastar-se durante anos na luta pelo "lugar do dono", sem entender que, de fato, serão sócios. A mulher como irmã, herdeira ou sucessora pode surgir então como uma facilitadora e articuladora do grupo da próxima geração. E por ter sido exposta a um menor desgaste, terá relações mais acessíveis tanto com seus irmãos como, provavelmente, com o pai.

Espero que possamos inspirá-lo em seu caminho ao longo deste processo.

Um grande abraço,

Renata.

1 | SER HERDEIRO

Afinal, o que significa ser herdeiro? Parece fácil, simples, invejável até. Convivendo e trabalhando com herdeiros, e também exercendo meu papel, existem pontos comuns que ajudam a entender a complexidade envolvida neste processo. Ser herdeiro significa ter responsabilidades, desafios e facilidades.

Este primeiro bloco de cartas irá explorar a complexidade do papel de herdeiro, muito além de seu compromisso como sucessor nos negócios: implica também dar continuidade a sonhos. Para prepará-lo para esta leitura, expomos algumas características listadas junto a grupos de herdeiros.

Nascer recebendo algo que não escolheu ou construiu

Quando se nasce dentro de uma família empresária, não existe consulta prévia sobre aquilo que foi feito pelas gerações anteriores. Os herdeiros, então, se deparam com negócios já estabelecidos e de comprovado sucesso para os quais podem, ou não, ter talento. É uma grande oportunidade para alguns, mas pode ser fonte de conflitos para outros. Ao analisar este aspecto, é muito importante que o herdeiro tenha em mente que seu desafio é tornar-se empresário, ou seja, ele não está herdando algo garantido. Mesmo quando a herança é patrimônio, existem riscos envolvidos na continuidade, que demandam uma mentalidade empresarial. O herdeiro precisará preparar-se para este desafio.

Ser incentivado a permanecer sempre no grupo

As famílias empresárias tendem a criar mecanismos de proteção para seus descendentes. E por querer protegê-los, muitas vezes os impedem de experimentar a vida. Pode ser uma tentativa de evitar o sofrimento, mas que também impedirá o crescimento dessas pessoas. Ao se deparar com o processo de sucessão, muitas vezes as novas gerações encontram-se especialmente desprepa-radas para assumir suas responsabilidades, por sempre terem sido "lideradas" pelo fundador ou algum membro da família. Importante, neste ponto, é que cada pessoa dessa família se fortaleça individualmente, pois um grupo forte se construirá com indivíduos fortes. Uma das formas de atingir este objetivo é criar projetos de vida claros, que podem ter diferentes graus de vínculo com os negócios da família. Eles poderão proporcionar aos herdeiros a dose de autoconfiança necessária para os desafios do futuro.

Ter expectativas do mundo em relação a você e à sua performance

Ao nascer numa família empresária, todas as atenções pesarão sobre os herdeiros. Com eles vêm a esperança da continuidade e a expectativa da perpetuação do su-cesso alcançado até sua geração. Todo herdeiro já nasce com uma responsabilidade a mais. Isto é fato, pois mesmo inconscientemente as pessoas que o cercam vão observar seu comportamento, seus erros e acertos, na perspectiva da história da família. Cada herdeiro precisará considerar estes aspectos para que possa utilizar a força proporcionada por sua família como um impulso para seu crescimento, e não apenas como um peso sobre sua história.

Não receber manual de instruções

O desafio não vem com regras definidas, e a construção do futuro dependerá de habilidades diferentes das utilizadas no passado. A herança não vem com manual (você lerá mais sobre isso em uma das cartas) e cada nova geração precisará construir seu modelo de convivência nos aspectos da família, patrimônio e empresa. Importante ressaltar este tema para que o herdeiro não tente copiar o modelo que deu certo anteriormente. Seu desafio será equilibrar dois importantes aspectos: o legado do passado, que merece ser preservado, e o aprendizado de novas habilidades para os desafios na construção do futuro.

Ser sócio

Muitos herdeiros foram criados acreditando que seriam "donos". Em geral, a geração de donos é somente a primeira. A partir da segunda geração, inicia-se o desafio de construir relações de sócios e partir de um modelo individual, em que normalmente há uma clara liderança, para um modelo coletivo. Todo herdeiro, então, precisará olhar para sua família numa nova perspectiva, talvez inédita em suas relações. Preste atenção em sua família, sua mãe, irmãos, eventualmente primos, tios, viúvas ou filhos dos demais sócios que se tornarão seus sócios amanhã. As decisões precisarão ser articuladas dentro dessa nova sociedade e isso vai requerer novas habilidades e uma nova qualidade de relações societárias.

Ser muito exigido ou muito poupado

O herdeiro tem seu script definido, muitas vezes, pela família. Existem famílias que encaram o desenvolvimento do herdeiro adotando a tese de que "ele terá que passar por tudo que eu passei". É uma estratégia que visa gerar a noção de valor nas novas gerações. Ela, infelizmente, tem demonstrado não preparar os herdeiros para os desafios de negócios cada vez mais complexos num mundo em constante transformação. Outro extremo é a criação seguindo a filosofia "não vou deixar que ele passe pelas dificuldades por que eu passei". Esta abordagem visa preservar os herdeiros dos desafios naturais da vida e acaba criando uma atmosfera artificial e aparentemente confortável. Este modelo também gera muitos riscos, pois cria extrema dependência e impossibilita a autonomia para assumir riscos ou tomar decisões no futuro. Cada herdeiro precisará, a partir de um determinado momento, buscar seu próprio equilíbrio nesses aspectos.

Deve testar sua capacidade e buscar autonomia, pois os desafios de amanhã precisarão ser enfrentados na ausência de um pai ou líder que tome as decisões.

Ter herança tangível e intangível

A parte aparente da herança engloba o patrimônio e seus derivados. Ela pode conter ativos, participações societárias, capital, bens móveis ou imóveis e até oportunidades decorrentes do negócio. Estas podem até ser avaliadas e mensuradas seguindo alguma lógica comum. O outro lado da herança envolve a história, os valores, os exemplos percebidos, as habilidades desenvolvidas, as expectativas, a cultura da família e o afeto, o qual também tem grande peso neste processo. Cada herdeiro precisa avaliar sua herança sob essas duas perspectivas, pois seu desafio envolverá agregar valor em ambas para comprometer-se com a continuidade.

Vamos, então, às cartas!

Carta aberta aos herdeiros

Prezado herdeiro,

Não importa mais qual seja o seu sexo, pois nos dias atuais os desafios já não fazem esta diferença, principalmente quando nos referimos ao contexto das sociedades familiares num cenário de mercados competitivos e economia globalizada.

O que importa entender é que sua maior missão é perpetuar uma obra construída com muita paixão, lutas, amor, erros, acertos, carisma e visão além do seu tempo. O desafio será ampliar este legado mantendo alguns dos valores e princípios que originaram o sucesso atual.

Isto implica compreender que, em relação ao papel do empreendedor, que realizou a obra de um começo sem nada, seu papel é diferente. A você compete a difícil missão de tornar-se um continuador, o que também envolve desafios e exigências.

É diferente daquele início baseado no esforço conjunto e muito trabalho. Agora, importa conciliar interesses de diferentes vontades e desejos e também estar atento às novas demandas da empresa e de seus mercados. E importa manter a unidade de interesses tão díspares como os da família, propriedade e gestão.

Exige-se um equilibrista determinado, humilde e desprendido. Espera-se alguém que concilie a emoção com as razões de cada um. Que tenha lógica onde ela falte aos seus sócios não escolhidos. Enfim, que mantenha a sensibilidade sem perder o rumo na direção do sucesso.

A partir de agora, são mais palpites a ouvir. Muito mais contas a prestar e um maior número de interesses para atender. E não poderá utilizar o poder patriarcal. Este é de uso exclusivo do fundador, que foi, ao mesmo tempo, patriarca, detentor da propriedade e grande gestor. Mas essa época acabou.

E muitos não entendem isto. Por essa razão, esperam continuar recebendo mesadas em vez de dividendos. Confiam na tolerância paterna quando, agora, exige-se competência. Julgam poder continuar tendo caprichos, quando o certo é verificar e desenvolver uma clara noção de direitos e obrigações como herdeiro-sócio.

Você precisará fazer com que seus irmãos, cunhados e primos entendam que já não são apenas isto. Até porque este lado continuará sendo administrado pelo afeto dos almoços de domingo, batizados, casamentos ou enterros. O que importa agora é o fato novo, a sociedade herdada. Sócios que não tiveram a liberdade da escolha mútua, foram impostos pelo direito e espírito de equidade do fundador. Afinal, para ele, pelo menos na intenção, "sempre foram todos iguais".

Eis o desafio que aguarda você. Sem nenhuma espreita ou incógnita. Esta será, de fato, a nova realidade. O que importa agora é descobrir formas para "costurar" esta sociedade sem perder o afeto dos vínculos familiares. E não será uma "costura" fácil.

Exigirá muito mais do que conhecimento. Vai demandar paciência, capacidade de ouvir e ao mesmo tempo tomar decisões no devido tempo.

Dar satisfação sem se sentir humilhado. Mas, ao contrário, crescer à medida que demonstra sua capacidade de administrar o que não é apenas seu.

Respeitar a memória do fundador. Inovar sem desprestigiar as ações do passado. Criar uma nova equipe de profissionais sem desmerecer os "velhos de casa". Ganhar poder sem precisar destruir os demais.

Olhar ao seu redor e conquistar o respeito da comunidade. Granjear o reconhecimento de fornecedores, clientes e concorrentes.

Ufa! Que desafio!

E já não são mais desafios exclusivos para "machos", mas para aqueles que compreenderam que "ser" herdeiro(a) pode também implicar aceitar o desafio de "estar" sucessor(a). E saber distinguir a sutil diferença entre esses dois papéis.

Recomenda-se ainda que você procure cumplicidade para compartilhar as horas difíceis em Grupos de Estudos de Empresas Familiares que reúnem outras pessoas na mesma condição. Escolha, entre alguém que você respeite, um "tutor" para a troca de impressões, dúvidas e orientações.

Mas saiba que, na maioria das vezes, você estará só. Mas, para tanto, não deve ficar isolado.

E o maior desafio de todos, qual será?

Conseguir tudo isto sem deixar de ser marido, esposa, pai, mãe, amante. Não abandonar as amizades e os bons momentos da vida. Ou seja, em última análise, ser feliz no sentido pleno da palavra. E conciliar esta felicidade com o sucesso, tanto no plano profissional como pessoal.

Estes são os nossos sinceros desejos.

Afetuosamente.

Carta aberta aos empresários

Prezado empresário,

Para você que não retornou da UTI daquele hospital onde nos vimos pela última vez, e de lá partiu sem encaminhar a sucessão da empresa que fundou, esta carta chega atrasada.

É lamentável, mas, de qualquer forma, quem sabe ela possa ser útil para outros empresários que ainda estão vivos, correndo de um lado para o outro, sem se dar conta dos riscos que também corre sua saúde e, por extensão, sua família e a empresa. É evidente que foi uma surpresa para todos, pois com a saúde que você sempre teve não se poderia esperar um desfecho daqueles. Mais ainda porque justamente naqueles dias você estava programando umas férias com a família, fato que era uma novidade para todos.

Lembro-me sempre das nossas conversas, quando você afirmava categoricamente que "doença e filho drogado eram problemas que só ocorriam na família dos outros". Eu apreciava e, por que não dizê-lo, até invejava sua autoconfiança, pois ela transmitia segurança ao seu pessoal, embora em alguns momentos inibisse as reações de sua esposa e de seus filhos.

A imagem que você nos transmitiu em vida, de onipresença, onipotência e rapidez nas decisões, contrastava com as cenas que presenciei em seu velório. Aquela mesma força que nos unia durante a sua vida era agora o fator que nos separava. Já era possível perceber os primeiros indícios de lutas pelo poder por áreas em que você nunca quis tomar decisões, pois eram assuntos de sua exclusividade. Lá estavam seus filhos, genros e noras criando algumas situações constrangedoras para sua esposa, pois discutiam quem ficaria com o quê. Por alguns momentos, inclusive, se referiam a você de uma maneira pouco recomendável para quem estava sendo velado. Eram manifestações do tipo: "O velho foi sensacional, mas agora nos deixou tudo para resolver." "Ele deveria ter feito a divisão ainda em vida." Ou ainda: "Ele achou que jamais morreria, razão pela qual nunca quis tratar da sua sucessão. Agora, sem a participação dele, vai ser mais difícil." Em outro ambiente, acotovelavam os "velhos de casa", que a essa altura se julgavam plenos de direitos ou deserdados, conforme a situação pessoal de cada um. Alguns daqueles que sempre desfrutaram das simpatias e preferências estavam agora apreensivos. Os que sempre mereceram o seu desprezo mantinham um olhar de expectativa positiva.

Procurando resumir, diria que, se não fosse uma situação de dor e tragédia, você mesmo, provavelmente, estaria se divertindo com aquilo que estava provocando nas pessoas com as quais conviveu boa parte de sua vida. Toda aquela cena era um testemunho muito intenso da sua incapacidade de lidar com uma visão de empresário que desenvolve um empreendimento que pode ultrapassar sua própria existência.

O tempo passou e os negócios cresceram. Mas, apesar disso, o que ainda se mantinha ao longo de todo tempo era a incapacidade de desfrutar de suas próprias conquistas. Era uma utopia pensar que algum dia você iria parar e descansar, viajar, compartilhar mais tempo com a família e amigos. Sua vida era voltada para o trabalho, pois ele era a própria razão da sua existência.

Bem, acho que chegou o momento de encerrarmos nossa conversa, pois estou sendo chamado para mais uma reunião dos seus herdeiros, para discutir os destinos da empresa que você fundou. E a julgar pelas últimas que tivemos, vai ser mais uma experiência de confrontos emocionais e jogos de interesses. Aliás, é interessante que, apesar de sua ausência e da impossibilidade de participar, sua presença é constantemente mencionada como algo que seria indispensável.

Confio que tudo continue bem com você, seja lá onde estiver. Apenas recomendo que, caso você esteja com ideias de criar novas empresas nesse novo mundo, tome apenas o cuidado de tratar da sucessão ainda em vida. Pode ser doloroso, mas, com certeza, dará maiores garantias para o seu próprio sucesso.

Afetuosamente,

Alguém que acredita no sucesso da empresa nacional.

Nota: Embora esta carta possa parecer "mórbida" para alguns, o que ainda impressiona o autor é a quantidade de empreendedores que se julga imortal. Alguns, inclusive, iniciam reuniões da sua diretoria com uma solene frase do tipo "se um dia eu morrer...". Vale registrar que, embora o empresário seja mortal, sua obra poderá ser imortalizada. Mas vai depender, essencialmente, da sua própria atitude frente à vida.

Carta de um empresário a seus filhos

Queridos filhos,

Esta carta foi escrita para não ser enviada. Ela representa muito mais um momento de reflexão e balanço da minha própria vida. Mas só tem sentido se dirigida a vocês.

Lembro agora daqueles primeiros dias do meu casamento. Sua mãe e eu nos encontrávamos com alguma calma apenas já tarde da noite. E nossas conversas giravam em torno de três preocupações: as perspectivas dos negócios; a necessidade de economizarmos nas despesas domésticas e o temor de termos o primeiro filho.

Desde aquele tempo, tive em sua mãe uma companheira forte. Às vezes mais forte do que eu. Quantas brigas, desentendimentos e cenas de ciúmes. Quantos passeios adiados, noites maldormidas e madrugadas de apreensão.

Sendo bem sincero, tudo o que vocês são, como pessoas, devem à sua mãe. As virtudes e os defeitos.

Eu tinha uma única preocupação. A empresa. Era minha amante, filha e companheira. Mas eu fazia tudo isto por vocês. E sempre deixei isso bem claro para a sua mãe. E contava com o apoio e compreensão dela.

Vocês foram crescendo. A empresa se desenvolvendo. Daquele velho galpão e máquinas obsoletas, hoje restou muito pouco, apenas algumas peças de museu e muitas lembranças. Aliás, tão envolvido com o negócio, nem vi direito como vocês cresceram. Lembro de algumas festinhas na escola, dos trabalhos de cerâmica e de alguma redação que traziam para casa no Dia dos Pais. Lembro até de que, muitas vezes, saí correndo de alguma reunião para dar o ar da minha graça e derramar algumas lágrimas de emoção.

À medida que vocês cresciam, eu ficava orgulhoso e sua mãe, preocupada. No fundo, ela tinha medo de se sentir só, com o afastamento de vocês. E esta solidão dela me assustava, pois a gente já não sabia mais conviver a dois. Tínhamos feito de vocês a única razão de nossa existência. Pelo menos este era o discurso.

Ela, afirmando ter dedicado sua vida a cuidar de vocês, imaginando que seriam sempre objeto de sua propriedade. Eu, dizendo sempre que todo aquele sacrifício para fazer os negócios crescerem era para que vocês pudessem viver juntos, sem passar as necessidades que nós passamos.

Mas o que observamos hoje? De um lado, vocês me acusam de ter faltado nas horas mais importantes de seu desenvolvimento pessoal. Afirmam que trabalhar junto comigo na empresa é impossível, pelo meu estilo de comando, pelos métodos antiquados de trabalho e porque estou cercado de gente velha e obsoleta.

Para sua mãe, reservam comentários menos ácidos mas nada lisonjeiros, tais como a representante de um tipo de mulher que não existe mais nos dias atuais. Mas, mesmo assim, a querem como avó de seus filhos, para dar a atenção que vocês dizem estar impossibilitados de proporcionar pela falta de tempo ou para evitar deixá-los em casa quando vão ao cinema, boate ou alguma viagem com os amigos no fim de semana.

Tenho de reconhecer que cometi erros. E foram muitos.

Encontro entre os antigos funcionários, clientes e fornecedores um respeito, uma admiração e até uma inveja que não tenho em minha casa. Recrimino-me por ter falhado em muitas coisas.

Para o seu desinteresse pelos negócios que criei, ou até para as eventuais disputas entre vocês, acho que podemos encontrar soluções. É possível dividir os negócios. Já pensei até em vender, ou, quem sabe, colocar em prática algumas ideias sobre profissionalização. É evidente que esta última hipótese não retira vocês da propriedade. O que ela vai exigir é maior preparo de todos nós.

Mas o que hoje está me preocupando mais seriamente são dois pontos.

O primeiro é de se a acusação que fazemos aos nossos pais, por tudo aquilo de imperfeito que temos, não tem um limite. Ou seja, a partir de um certo momento da vida, que não tem apenas a ver com a idade, não é responsabilidade de cada um assumir, plenamente, o compromisso pelo seu destino, e deixar de apenas culpar os outros? Isto não nos isenta de termos cometido erros como pais e eu, como empresário. Será que não está na hora de vocês refletirem sobre o presente e assumirem o encargo de escrever, com sua própria caligrafia, o papel que terão no futuro?

A segunda preocupação diz respeito ao fato de que alguns modelos se repetem. Ou seja, vocês também correm o risco de ser acusados pelos seus filhos de tudo aquilo que nos acusaram. Ou seja, a possibilidade de terem sido vítimas e analistas de uma série de erros de seus pais não significa que, de forma automática, estas mesmas imperfeições não voltem a se repetir.

Confesso que nada disso me assusta. Apenas me faz pensar profundamente sobre a importância da vida e de nossas realizações. É claro que estou numa idade em que as emoções são mais fortes e em que a gente se pega mais vezes pensando, e até lacrimejando um pouco. Reconheço que tento esconder estas emoções, pois a imagem de homem forte que criei não me permite expressar os sentimentos de maneira tão autêntica. Parecem fragilidades que tento esconder dos outros. Mas não será também que estou vivendo uma fase em que devo preocupar-me mais comigo do que com o que os outros pensam? Acho que sim. Mas, sobre isto, ainda tenho muitas dúvidas.

Filhos, esta carta foi um desabafo. E mais uma vez – aliás, como sempre –, procurei ser um homem prático. Gostaria de encerrá-la com uma proposta: Que tal a gente sentar um fim de semana desses e ter uma conversa franca sobre o que cada um anda pensando de sua vida?

Vocês aceitam?

Afetuosamente,

Seu pai.

A saga dos herdeiros

Estimado herdeiro,

A morte prematura — com suspeita de suicídio — de Edoardo Agnelli, filho e herdeiro do "mito" Giovanni Agnelli, patriarca e, por longo tempo, controlador do grupo Fiat, produz várias reflexões sobre a complexidade de "ser" herdeiro de alguém, principalmente de alguma figura de destaque. Para a maioria das pessoas, nascer herdeiro é trazer consigo todas as soluções para sua vida futura. Implica ter acesso aos melhores ambientes, circular com pessoas interessantes, frequentar boas escolas, aparecer nas colunas sociais, não ter problemas financeiros e menos ainda de sobrevivência. Em alguns casos, significa ficar "protegido" pela "sombra" confortável de alguma figura com muito brilho próprio. Mas o que poucos percebem é o quanto este "conforto" pode esconder perigos e ameaças para os herdeiros. E um deles, o mais evidente muitas vezes, é a dificuldade em descobrir um "sonho próprio", já que, desde o nascimento, existirão desejos e expectativas — todas com amor e muito boas intenções — sobre o futuro daquela figura que nasceu "preservada das dificuldades que os pais tiveram".

Vale lembrar que, embora este assunto seja mais abordado na perspectiva de famílias empresárias, ele se estende a todas as atividades que compreendem o funcionamento da sociedade. Aplica-se a filhos de políticos, artistas, escritores, esportistas, médicos, cientistas, jornalistas etc.

Ser filho de uma figura de destaque é muito mais do que uma "carga genética". É carregar consigo um conjunto de expectativas — próprias ou de terceiros, falsas ou verdadeiras — que pode impedir o desenvolvimento normal do ser humano.

É evidente que este tema pode ser abordado sob inúmeras facetas e requer também a análise de psicólogos, terapeutas e tantos outros especialistas do comportamento humano. Nesta carta, pretendo analisá-lo com base na minha experiência de consultor apenas sob dois ângulos.

O primeiro é a confusão que muitas dessas pessoas de destaque fazem entre "fama" e "sucesso". Constato, na maioria das vezes, que elas conseguem destaque no meio em que atuam com base em muito esforço pessoal, sacrifício e capacidade de transformar problemas em oportunidades, alcançando a fama. Mas isto não corresponde a ter sucesso.

Explicando melhor. É muito tolerada e aceita em nosso meio a distinção entre "figura pública" e "figura privada". E esta figura pública é mitificada, adulada, produzida, o que a leva a conseguir fama em sua área de atuação. Mas esta mesma pessoa, quando olhada sob a perspectiva da sua vida privada, é completamente contraditória, ou pior, um verdadeiro fracasso.

Em muitos casos, inclusive, o despreparo para a fama profissional cria figuras que não conseguem o mesmo destaque nos papéis de parceiro conjugal, pai ou mãe, cidadão e até mesmo em sua vida pessoal. Ou seja, nessas áreas tornam-se pessoas amarguradas e muito mal resolvidas.

Isto significa que ter fama não implica sucesso. Sucesso é algo muito mais abrangente do que fama. O sucesso deve fazer parte de todas as "facetas" de nossa vida. E de nada adianta ser um executivo ou empresário de fama com uma vida pessoal estraçalhada.

E é neste contexto que muitas vezes começam as dificuldades para os herdeiros administrarem esta condição ambivalente. A figura pública do seu pai ou mãe não "bate" com a figura privada daquele com quem convive na sua relação afetiva. Ou seja, esta situação tende a agravar um quadro em que a sociedade "cria" um mito, personagem ou figura para o consumo do mercado, exercendo maior pressão sobre as expectativas dos seus herdeiros. Obter "fama" torna-se inexorável. E qualquer resultado diferente disto significa fracasso ou incapacidade de dar continuidade às expectativas do "ídolo".

Outra consequência de relevo é gerada pelo chamado "conforto" de um caminho previamente estabelecido. Herdar uma empresa, a carreira artística, política ou profissional dos pais pode inviabilizar a "descoberta" do sonho próprio. Um dos maiores desafios que encontramos nos programas com herdeiros é ajudá-los a descobrir seus próprios sonhos, projetos de vida e ambições. Poucos são os que conseguem descolar-se das expectativas e sonhos dos pais.

É importante que os herdeiros percebam que ser filho de uma figura brilhante não significa, necessariamente, também ser brilhante. O importante é encontrar sua identidade e procurar tornar-se feliz com ela, na dimensão e nos limites do sucesso que cada um deve se estabelecer.

Enquanto questões como estas não forem tratadas com transparência e clareza entre herdeiros e pais, continuaremos assistindo à dura transição de muitas famílias das páginas sociais para as colunas policiais, especialmente numa sociedade em grandes transformações como a que vivemos, em que riqueza, fama e reconhecimento mudam de endereço e personagem com muita facilidade.

Atenciosamente...

Os destruidores de sonhos

Estimado herdeiro,

Um tema pouco discutido nas famílias em que os pais tornaram-se figuras fortes e referentes pelo sucesso — pessoal ou profissional — que alcançaram, é a opção genuína que os filhos apresentam em relação ao encaminhamento do seu futuro. Ou seja, raras são as famílias de empresários, profissionais liberais, artistas, executivos e tantas outras atividades em que o sucesso dos pais não acaba por se tornar uma referência que dificulta aos filhos descobrir seus próprios sonhos. E mais ainda, sem necessariamente serem pressionados a percorrer os mesmos caminhos e obter sucesso da mesma forma.

Para nossa realidade brasileira, este tema ainda é tabu porque muitos pais partem da premissa — equivocada — de que seus filhos não possuem todo o instrumental e as informações para tomar decisões que lhes permitam caminhar com as próprias pernas. Mesmo que seja para errar e reconsiderar suas escolhas.

Quando vejo o sucesso do cineasta Walter Moreira Salles, fico imaginando que sua "coragem" para não se tornar banqueiro, ministro ou diplomata, como fez seu pai com brilhantismo, deve ter sido muito apoiada por uma figura paterna que colocava a liberdade da realização muito acima do desejo de ver seus filhos como continuadores de suas obras. É o que considero a capacidade do "criador" em permitir que sua "criatura" — obras, realizações, filhos etc. — se torne maior e independente de sua figura. Mas isto não tem sido fácil para muitos pais de sucesso.

Por lidar constantemente com situações como estas é que fiquei sensibilizado pela leitura do livro *A roda da vida*, de Elizabeth Kubler-Ross, que se tornou uma reconhecida médica especialista no tratamento de pacientes terminais e conduziu importantes investigações sobre a morte e o processo de morrer.

Mas o que importa é a descrição que ela faz do primeiro confronto que teve com seu pai — um bem-sucedido empresário suíço — para abordar sua opção de vida e trabalho.

Diz ela: "Ao longo da vida surgem pistas que nos indicam para que direção devemos seguir. Se não damos atenção a essas pistas, fazemos opções erradas e acabamos levando uma vida infeliz. Se ficamos atentos, aprendemos nossas lições e temos uma vida plena e boa, assim como uma boa morte.

O maior dom que Deus nos concedeu foi o livre-arbítrio. O livre-arbítrio põe sobre nossos ombros a responsabilidade por fazer as melhores escolhas possíveis.

Eu estava no sexto ano escolar quando tomei minha primeira grande decisão inteiramente sozinha. Perto do fim do semestre, o professor deu uma tarefa à turma. Tínhamos de escrever uma redação sobre o que queríamos ser quando crescêssemos. Na Suíça, essa tarefa específica era um grande acontecimento. Era o que determinaria a nossa educação futura: receber treinamento para uma profissão ou passar anos dedicando-se a rigorosos estudos universitários.

Peguei o lápis e o papel com um entusiasmo fora do comum. Entretanto, embora eu acreditasse que estava definindo o meu destino, a realidade era outra. Nem tudo dependia da criança.

Bastaria que eu relembrasse a noite anterior. Na hora do jantar, meu pai empurrara seu prato para o lado e estudara os rostos de sua família antes de fazer uma declaração importante. Ernst Kubler era um homem forte e rijo, com opiniões coerentes com seu físico. Era muito severo e exigente com meu irmão mais velho, Ernst Júnior, e obrigara-o a seguir um caminho universitário rigoroso. Agora, estava prestes a revelar o futuro de suas filhas trigêmeas.

Uma sensação de suspense envolveu-me quando ele começou dizendo a Erika, a mais frágil das três, que ela seguiria um curso universitário. Depois disse a Eva, a menos motivada, que ela receberia uma educação não especializada numa escola para moças. Finalmente, seus olhos voltaram-se para mim e rezei para que ele me permitisse realizar o sonho de tornar-me médica.

Que ele certamente não ignorava.

Mas nunca esquecerei o momento que se seguiu.

— Elizabeth, você vai trabalhar na minha empresa — disse ele. — Preciso de uma secretária eficiente e inteligente. É o lugar certo para você.

Fui tomada pelo desalento. Crescendo como trigêmea, uma entre três meninas idênticas, toda a minha vida tinha sido uma luta por minha identidade. Agora, mais uma vez, negavam-me o direito aos pensamentos e sentimentos que me tornavam única. Imaginei-me trabalhando na empresa dele. Faria um trabalho burocrático. Sentada o dia inteiro diante de uma mesa. Escrevendo números. Os dias seriam tão rígidos quanto as linhas de um gráfico.

Não me via fazendo aquilo. Desde cedo, tivera uma imensa curiosidade sobre a vida. Olhava o mundo com admiração e reverência. Sonhava tornar-me uma médica do interior ou, melhor ainda, praticar a medicina entre os pobres da Índia, como meu herói Albert Schweitzer fizera na África. Não sei de onde me tinham vindo essas ideias, mas sabia que não fora feita para trabalhar na empresa de meu pai.

— Não, muito obrigada! — retruquei bruscamente. Naquela época, esse tipo de rompante vindo de uma criança não era apreciado, especialmente em minha casa. Meu pai ficou vermelho de raiva. As veias de suas têmporas incharam-se. Então ele explodiu.

— Se não quer trabalhar comigo, então pode passar o resto da sua vida como criada! — gritou, e entrou furioso no escritório.

— Para mim, está bom — respondi com aspereza, e estava sendo sincera. Preferia trabalhar como criada e aferrar-me à minha independência a deixar que qualquer pessoa, até mesmo meu pai, me condenasse a trabalhar como guarda-livros ou secretária para o resto da vida. Seria o mesmo que ir para a prisão.

Tudo isso fez meu coração bater mais forte e minha caneta correr rápida na manhã seguinte, quando, na escola, tivemos de escrever nossas redações. A minha não fazia uma única referência a qualquer tipo de trabalho de escritório. Ao contrário, escrevi com grande entusiasmo sobre seguir o exemplo de Schweitzer e ir para a selva pesquisar as muitas e variadas formas de vida. 'Quero encontrar o objetivo da vida.' Desafiando meu pai, também declarei que meu sonho era ser médica. Não me importava se ele lesse a redação e ficasse zangado outra vez. 'Ninguém poderia fazer isto por conta própria', eu dizia. 'Devemos sempre tentar alcançar a estrela mais alta.'"

Este depoimento de uma adolescente nascida na Suíça em 1926 ainda continua — infelizmente — digno de divulgação porque não perdeu atualidade.

Resta-me apenas uma recomendação aos pais brilhantes, famosos e que obtiveram sucesso em suas vidas pessoais e profissionais: permitam aos seus filhos a manifestação mais genuína dos seus sonhos e aspirações. E procure compreender que ser filho de pais brilhantes não é fácil. Mesmo quando eles, conscientemente, não exercem qualquer pressão. Seu sucesso já é um forte peso e estigma. Ainda que exercido inconscientemente.

Atenciosamente...

2 | SUCESSÃO

O processo de sucessão tem sido cada vez mais estudado e acompanhado como a fase mais delicada e desafiadora na continuidade das empresas. Mas a sucessão ainda é um tema difícil quando tratado pelas famílias, pois, apesar de sua extrema importância, seu encaminhamento vai sendo adiado por seus membros.

Este bloco de cartas irá explorar os desafios do processo de sucessão, expondo as fases previsíveis que as empresas familiares atravessam e a necessidade do preparo da nova geração para seus diferentes papéis, que vão além de "habilitar-se para a gestão".

Exploraremos alguns fatores que transformam a sucessão em um tema tabu dentro das famílias.

A sucessão remete à ideia de morte
Ao falar de sucessão é inevitável pensar na questão do afastamento ou mesmo da morte. É possível fazê-lo com suavidade, mas este tema sempre estará presente. E por essa razão as discussões podem ser muitas vezes adiadas. O importante é perceber que não poderemos lutar contra as verdades biológicas inerentes a nós, seres humanos: elas são inexoráveis. As transições bem-sucedidas não acontecem em função de morte ou afastamento; elas são planejadas e implementadas muito antes desses momentos. Considerando que as empresas familiares vivem processos de transição previsíveis, inclusive por leis biológicas, parece fundamental pensar-

mos em sua longevidade e nas formas de atravessar com equilíbrio e dinamismo a mudança de gerações.

A sucessão confronta questões de futuro e ideias distintas das gerações

Pensar em sucessão envolve desafios de vários aspectos: emocionais, financeiros e profissionais. Cada membro da família pensa em uma solução mais adequada e nem sempre isto é colocado em discussão. Principalmente quando envolve os desejos de cada uma das gerações. O planejamento da sucessão envolve questionar todos estes aspectos em grupo para que se possa ter uma estruturação negociada que englobe os desejos individuais, mas que também privilegie o desafio coletivo.

A sucessão pede nossa atuação em papéis que nunca exercemos

Relacionar-se em família parece simples, mas quando temos um objetivo comum é preciso sentar e ter conversas como sócios (atuais e futuros). Este papel requer novas habilidades e até novos contextos. O herdeiro precisa preparar-se para o novo momento, exercitar uma nova relação estruturando sua atuação como sócio de seus pais, irmãos e demais membros das famílias proprietárias do patrimônio.

A sucessão provoca reflexões sobre nossa competência e a de nossos familiares

O preparo do herdeiro pode ser focado na gestão de empresas, ou em alguma outra carreira, mas isto não será suficiente para o novo momento. As competências da família, em geral, são vistas sob a perspectiva afetiva para minimizar possíveis desconfortos. A continuidade, no entanto, irá requerer uma análise realista e transparente do talento dos familiares, para que possam articular-se em grupo. Este tema precisará ser abordado ao planejar e implementar o processo de sucessão com eficácia.

A sucessão envolve agregar valor ao patrimônio

O planejamento da sucessão exige abordar o patrimônio sob a perspectiva de seu valor, perpetuação e crescimento. Muitos herdeiros desconhecem o real valor e os principais desafios do que irão herdar. É importante que todos os herdeiros tenham esta dimensão clara e transparente, sob pena de estarem reagindo baseados em suposições. Também é necessário considerar os aspectos do valor intangível que compõe o legado familiar.

A sucessão dá trabalho e o planejado pode não acontecer

Pensar juntos e planejar a sucessão nos níveis de família, patrimônio e negócios são tarefas que requerem altos investimentos, tempo dos membros da família, ajuda profissional, desgastes emocionais, desenvolvimento de novas habilidades e muito trabalho. A vantagem de fazê-lo está em criar uma linguagem comum e ter um plano negociado entre todos os envolvidos. O plano, no entanto, não garante a execução perfeita. As famílias são entidades dinâmicas assim como os indivíduos. Deve-se ter em mente que o planejamento precisa ser uma ferramenta viva, que acompanha a evolução da família e dos negócios, e revisá-lo periodicamente.

A sucessão é um desafio coletivo: todos devem estar no mesmo barco.

Um dos maiores desafios deste processo é envolver todas as partes. Alguns membros da família acreditam que podem resolver esta questão sozinhos. Neste caso, nem o fundador ou algum dos herdeiros poderá fazê-lo sem o grupo. A família precisa de envolvimento para sentir-se parte, e também comprometida com o processo. A experiência aponta que os casos não negociados, de sucessão imposta, acabam por gerar insatisfações em outros membros da família. Planejar exige lideranças e isto é saudável, mas o processo precisará considerar todos os envolvidos.

Aproveite as cartas desta parte para aprofundar suas reflexões sobre sucessão!

As fases da empresa familiar

Prezado herdeiro,

Quero convidá-lo nesta carta a ampliar sua visão sobre a dinâmica da empresa familiar, que não é muito fácil para quem está diretamente envolvido no processo. Refiro-me às fases pelas quais passa uma empresa que pertença a uma ou mais famílias ao longo de sua existência, especialmente se considerarmos como base as três primeiras gerações.

É útil registrar que, sempre que falamos da empresa familiar, estamos nos referindo a três sistemas interdependentes e que estarão funcionando simultaneamente, mas com exigências e dinâmicas distintas. Aliás, nem sempre coincidentes, o que tem sido um dos desafios para perpetuar uma empresa familiar.

Refiro-me aqui à variável família (ou famílias), que evidentemente apresenta um conjunto de variáveis de caráter afetivo, emocional, que se manifestam por meio de sentimentos ou ressentimentos e que na maioria das vezes não possuem nenhuma lógica.

Uma segunda variável diz respeito ao vínculo societário criado pelo patrimônio que será distribuído entre os herdeiros. Esta já deve apresentar uma condição mais lógica, uma vez que além das questões legais exigirá do grupo construir entendimentos formais e acordos em que sejam contemplados direitos e obrigações de todas as partes. Idealmente, de forma articulada, por um consenso que gere compromissos mútuos.

A terceira variável é representada pela empresa. E, no tratamento desta, é indispensável e necessária a observância de uma lógica muito clara que é determinada pelo mercado. E quando estamos falando de mercado nos referimos aos clientes, fornecedores e concorrentes.

Tendo estas variáveis como pano de fundo do sistema da empresa familiar, podemos agora falar um pouco sobre as fases. Para você, herdeiro, esta análise das fases pode ser muito útil como forma de situar-se naquilo que é, ou poderá tornar-se, os desafios para um pleno exercício de seu papel.

A primeira fase da empresa familiar, simbolizada pela primeira geração, é aquela que podemos intitular como período do Proprietário Controlador.

Nesta fase, é muito evidente que as questões relativas a família, patrimônio e empresa se confundam. O título de Proprietário Controlador se estende aos três sistemas, na medida em que existe a figura do Patriarca na família, Dono (único proprietário) no patrimônio e Gestor ou Presidente na estrutura da empresa. Portanto, a figura de autoridade se confunde.

Quando a empresa passa para a segunda geração, ela entra na fase da Sociedade de Irmãos. E é interessante observar que muitos dos desafios que esta segunda geração entrenta serão influenciados, ou discutidos, na perspectiva de uma irmandade.

Em minha experiência de lidar com sociedades durante aproximadamente trinta anos, verifiquei que em muitos casos a "irmandade" torna-se um vínculo tão forte que ela precede, e influencia, a forma como esta "sociedade" toma suas decisões.

Observei situações em que a cumplicidade entre os irmãos era de tal ordem intensa e profunda que gerava um sentimento muito forte de ciúmes entre as esposas dos mesmos.

É claro que o grande desafio que sociedades como esta vão enfrentar, é no momento da falta de um dos irmãos/sócios.

A aceitação da viúva (cunhada dos remanescentes) pode tornar-se um processo delicado para o qual a maioria não está preparada. O que pode ajudar neste caso é um acordo muito bem discutido que envolva a questão de morte ou afastamento de um dos sócios. Mas, em qualquer hipótese, não é recomendável fazer estes acordos à revelia dos cônjuges.

É claro que um forte empecilho para o tratamento desta questão é o preconceito que muitas pessoas têm de tratar a morte como um fato possível e inevitável. A tendência é sempre achar que isto só vai ocorrer com os demais.

A terceira fase tem sido denominada de Consórcio de Primos. E, como é possível imaginar, esta é uma etapa bastante complexa, tanto pelo crescimento quantitativo do grupo de herdeiros, como também pela diversidade cultural dos distintos núcleos familiares que vão surgindo.

É na terceira fase das gerações que a expressão "família nuclear" se aplica com muita propriedade.

Vários casais, constituídos por figuras externas e novas dentro do contexto familiar, produzem uma diferenciação profunda nos valores, conduta, ética e educação dos filhos. E à medida que estes filhos de estruturas culturais diferentes se relacionam como herdeiros, podem surgir muitos conflitos e expectativas distintas.

Uma das formas que pode contribuir para minimizar e administrar estas diferenças é que este grupo de primos seja submetido, desde muito cedo, a um processo de educação sobre o legado que irá receber e sobre as responsabilidades inerentes ao papel de futuros acionistas. Por isto se fala muito em que ser herdeiro tem "bônus", mas também apresenta alguns "ônus". E isto nem sempre é muito claro para todos os herdeiros.

A Hoft Consultoria desenvolve, desde o início dos anos 90, programas de formação para herdeiros com uma forte ênfase na criação do Projeto de Vida e Carreira para Herdeiros.

Estimado herdeiro, como você pode verificar, aqui está mais um tema de conversa para bons e longos "papos".

Inclua-o nas suas conversas com pais, irmãos ou primos. E boa sorte.

Cordialmente...

o processo de sucessão

Estimado herdeiro,

Você já observou que sempre que o tema da Empresa Familiar é tratado, existe uma grande confusão entre as figuras de "herdeiro" e "sucessor"?

E este não é um equívoco apenas dos envolvidos no processo, como fundadores e seus descendentes. Acadêmicos, consultores, jornalistas, pesquisadores e tantos outros profissionais que têm interesse no tema cometem o mesmo engano.

É bom esclarecer, logo de início nesta nossa conversa de hoje, que ser herdeiro não significa, necessária ou naturalmente, ser um sucessor.

Ser herdeiro é decorrência de um direito legal. Você poderá encontrar este assunto estabelecido no Direito de Família, Societário e de Heranças.

Portanto, a condição de herdeiro lhe é outorgada a partir de determinações previstas nas diferentes leis que tratam do tema. E, para tanto, não se requer nenhuma competência ou habilidade. Basta apenas ser alguém que recebeu e exerce este seu direito através de um patrimônio construído por outros. Para ser herdeiro, não se requer nenhum mérito maior do que haver nascido em uma condição de privilégio patrimonial.

Já a condição de sucessor é diferente. Ela deve ser produto de uma conquista pessoal que exige méritos e competência. Portanto, não é simplesmente algo herdado.

Inclusive, por esta razão, algumas experiências em que o fundador ou patriarca "designa" seu sucessor de forma arbitrária e sem a devida legitimidade do grupo não têm apresentado bons resultados.

A condição de sucessor exige um processo de legitimação de todo o grupo de herdeiros. E isto significa que herdeiros serão todos os que tiverem seu direito assegurado. Mas o sucessor terá de ser preparado, escolhido e legitimado pelo grupo a que pertence.

Mas para ter uma melhor compreensão do que isto significa, vale ampliar a compreensão do que se entende por sucessão e em que níveis, ou instâncias, esta se dará.

Quando falamos da Empresa Familiar, existe uma tendência a pensar, quase exclusivamente, na gestão da empresa ou dos negócios. Mas falar de sucessão neste contexto exige uma visão mais abrangente.

Existem três diferentes sistemas que funcionam ao longo do surgimento e existência de uma Empresa Familiar.

O primeiro deles é a própria Família. Nela, estabelece-se uma série de vínculos e condutas que terão importância vital para o futuro dos negócios. A "cultura" de uma família não pode ser desconsiderada em qualquer processo de sucessão. Figuras patriarcais, mães submissas ou protetoras, distinção no tratamento de filhos, rituais familiares, sistemas de comunicação e tantas outras formas de manifestação dos relacionamentos familiares não podem ser negligenciados no processo sucessório.

Para tanto, devemos entender que existe um primeiro processo de sucessão, no âmbito da própria família.

Na falta das figuras centrais — em geral, pai e mãe —, existe a necessidade de legitimar uma figura que mantenha o vínculo de ligação dos familiares. Esta pessoa deve possuir habilidades muito especiais de "trânsito" e aceitação pela via do afeto e respeito. Portanto, não podemos falar de sucessão na Empresa Familiar sem incluir a família neste processo.

Existe um segundo sistema importante que surge no processo de transferência da propriedade. Refiro-me ao surgimento da sociedade entre os herdeiros. E, como já dito em carta anterior, agravado pelo fato de que esta é uma sociedade imposta, em que não há liberdade de escolha.

Nesta relação, a figura do sucessor deve possuir outras características distintas do líder da Família. Aqui serão necessárias habilidades de liderança, justiça, equidade, arbitragem de conflitos dos interesses individuais, visão do capital, forte noção do "coletivo" e uma legitimidade permanente, ou seja, por meio de mandatos que deverão ser avaliados em períodos fixados de comum acordo.

Como é possível observar, o papel da sucessão no âmbito da sociedade é vital, especialmente porque a direção dos empreendimentos deverá, gradativamente, tornar-se subordinada aos interesses que visam agregar valor ao capital. Nesse sentido, torna-se importante criar uma noção de interesse coletivo para sobrepujar os inevitáveis desejos e ambições individuais.

Os instrumentos úteis para este processo podem ser o Conselho Societário ou de Controle. A questão da nomenclatura não é a mais importante, mas sim o processo de construção de toda esta vivência. Também é neste "fórum" que deverá existir um Acordo de Acionistas que contemple um conjunto de critérios sobre os direitos e obrigações dos acionistas.

Finalmente, temos o delicado tema da sucessão no gerenciamento dos negócios.

É curioso registrar que, de forma geral, é para esta sucessão que se prepara a maioria dos herdeiros. E com alguma formação acadêmica, ou até experiência externa ou interna em empresas, julgam-se capacitados a comandar todo o complexo processo de sucessão.

A legitimidade que tinha o fundador, na qualidade de patriarca, dono e gestor, não é transferível. Já disse anteriormente, mas sempre é bom repetir.

Exige-se do sucessor nos negócios habilidades muito próprias de um executivo estratégico. E estas, sim, podem ser adquiridas nas escolas e por meio das experiências empresariais.

Mas esta condição nem sempre vem acompanhada da compreensão de que o sucessor não será o "dono" e que estará "subordinado" aos interesses dos acionistas.

Portanto, o sucessor na gestão deverá ter humildade suficiente para compreender que deve submeter seus planos estratégicos à avaliação dos fóruns respectivos dos acionistas. Como se faz em qualquer empresa de sócios ou cotistas.

Mas a esta altura da nossa conversa, você pode se perguntar se a formulação de uma estrutura com estas características será garantia de sucesso. E eu diria que não.

O processo sucessório não é apenas uma questão estrutural. Ele deve vir acompanhado de um preparo comportamental de todos os seus componentes. Todos desempenham papéis importantes que devem ser aprendidos e praticados no dia a dia.

Mas fica aqui o registro sobre o grau de complexidade, delicadeza e importância de tratar o processo da sucessão de forma preventiva. E isto quer dizer, preferencialmente com o fundador vivo.

Caso você considere útil, aproveite o tema desta carta e discuta com seus familiares. E, para melhor resultado, inclua o fundador nesta conversa. Vale sempre lembrar que sucessão não significa falar de morte. Muito pelo contrário. É tratar de vida, no sentido mais amplo possível. É debater e buscar as formas de continuidade de uma obra que um dia foi o sonho de um fundador. E, ao mesmo tempo, alertar os herdeiros para a importância de descobrir e lutar pelos sonhos de cada um.

Vale lembrar que um coletivo forte se constrói com individualidades fortes. E isto é tanto uma responsabilidade de cada um como também do conjunto.

Por todas estas razões que temos discutido nestas cartas, você pode perceber o quanto o processo de sucessão de uma Empresa Familiar pode tornar-se algo maravilhoso e desafiador.

Vale a pena.

Confio que você tenha muito sucesso e possamos comemorar juntos estas realizações.

Cordialmente...

O legado familiar

Prezado herdeiro,

Quero convidá-lo nesta carta a uma reflexão da maior importância em relação ao futuro, tanto da família como do patrimônio.

Refiro-me a algo bastante intangível, mas não por isto menos importante. É o legado que você e toda sua família recebem junto com o patrimônio financeiro.

Segundo o texto intitulado "Legado social e familiar como capital cultural", de Marcos Kisil, presidente do IDIS (Instituto para o Desenvolvimento do Investimento Social), instituição brasileira criada para promover e desenvolver o investimento social privado de indivíduos, famílias, empresas e comunidades, podemos entender "legado" da seguinte forma:

"O termo 'legado' ou 'herança familiar' é geralmente associado a dinheiro ou propriedade. Ou seja, costuma ser visto como capital econômico deixado por alguém, em testamento, para outros membros da família. Porém, os membros de uma família herdam muito mais de seus pais ou pessoas mais velhas. O interessante é que herdem enquanto esses entes ainda estão vivos. Esse legado deve ser tomado como o capital cultural que é transferido de uma geração para outra."

"O capital cultural é constituído de valores, princípios e hábitos que orientam as decisões que membros de uma mesma família passam a adotar, como: modo de falar, de se comportar em diferentes situações, modo de tratar as pessoas, maneira de entender os problemas do mundo, meios de definir prioridades. Dessa maneira, o capital cultural, de propriedade de cada família, tem enorme significado para compreensão da filantropia e investimento social familiar."

Para que você possa perceber o quanto este tema é útil e importante, pesquisas feitas com empresas familiares que ultrapassaram cinco gerações demonstram que "os ativos tangíveis têm mais chances de sobreviver ao longo dos anos quando os pais dedicam tempo e esforço à tarefa de transmitir aos herdeiros não só o patrimônio, mas também as próprias competências".

E eu ainda acrescentaria os valores, ideais e sentido de família e comunidade.

Pode ser que este tema pareça a você, herdeiro de um fundador pragmático, imediatista e intuitivo, algo muito utópico e distante. Mas posso lhe assegurar que o contato que tive, durante muitos anos, com os mais diferentes perfis de fundadores, me permite assegurar que todos eles possuem, na sua essência, algum legado que deve ser visto como elemento essencial da continuidade.

É evidente que os fundadores devem admitir, como primeira dificuldade, que criar um legado não é uma missão solitária. A participação da esposa, filhos e netos é da maior importância.

Compete aos herdeiros procurar descobrir, e questionar, a essência e as razões do sucesso de seu antepassado como pai, empresário e cidadão.

Uma outra razão para que muitos fundadores resistam a tratar deste tema é sua dificuldade em aceitar a ideia da mortalidade.

Pessoas com personalidade e caráter muito fortes têm a tendência de se julgar "imortais". E isto também inibe os herdeiros para que possam tratar do tema com tranquilidade.

Segundo vários estudos realizados em diferentes países, existem alguns "indicadores" que podem ajudar um grupo familiar a estabelecer critérios que orientem a elaboração e cumprimento de um legado.

Um deles é assumir uma conduta de sinceridade, tanto nas relações pessoais, no conjunto familiar, como no trato da riqueza construída e herdada. Ou seja, manter uma postura de transparência como princípio.

Outro indicador importante é procurar desenvolver entre os membros da família um sentimento de autoconfiança. Ou seja, não assumir uma postura de passividade decorrente da herança. Mas ter confiança na busca de alternativas de realização pessoal e profissional. Em outras palavras, não ter medo de sonhar e ousar.

A busca da objetividade no trato das questões relativas à família, ao patrimônio e à empresa será muito útil. Quando não houver competências entre os familiares, não hesitar, ou resistir, na busca de recursos e capacidades extrafamiliares.

Por último, embora isto não esgote a lista de indicadores, desenvolver o exercício da generosidade como forma de fortalecer tanto os vínculos intra e interfamiliares, bem como com as comunidades em que atuam.

Como você pode ver, esta carta possui uma mensagem muito importante do ponto de vista da perpetuação de um legado familiar. E ele deve se estender tanto às questões morais como materiais da vida familiar.

Aproveite estas ideias para dialogar e provocar reflexões. Mas também agir.

Afetuosamente...

Herança não vem com manual de instruções

Estimado herdeiro,

Um dos programas que tem feito muito sucesso na televisão americana é um *reality show* mostrando herdeiros despreparados para lidar com a vida, dinheiro e poder. Ou seja, totalmente alienados do mundo real. No Brasil, ainda não chegamos a tanto, embora as colunas sociais e publicações que exploram o mundo das vaidades, dos verdadeiramente ricos e semirricos terminem ocupando este espaço. Ou seja, realizam um trabalho de "inflar" egos com base em indicadores triviais, como beleza física, conquistas amorosas, frequência a festas, jatinhos ou carros de último tipo. Apresentam somente questões relacionadas à aparência física, mas sem nenhuma profundidade ou valorização de algum conteúdo ou preocupação relacionada ao exercício da cidadania.

Mas qualquer análise do comportamento desta população não pode ser feita baseada apenas nestes elementos. Quando falamos de alguém que herda algo — patrimônio, empresa, prestígio ou poder —, devemos analisá-lo, pelo menos em quatro perspectivas.

A figura humana que gerou esta herança e seu vínculo com os seus herdeiros. As questões materiais ligadas ao patrimônio ou riqueza decorrente da conquista da geração anterior. O "legado" que vem junto com toda a imagem e os bens materiais, que, muitas vezes, não foi devidamente trabalhado e analisado. E por último, um vínculo societário que a herança estabelece entre herdeiros que não tiveram a liberdade da escolha.

Ou seja, a herança não vem com Manual de Instruções. Geladeira, DVD ou carro nos chegam com orientações muito lógicas sobre a forma de usá-los.

Por outro lado, herança é um direito, não exige preparo ou conhecimento. Administrar os bens e o legado requer competências que devem ser desenvolvidas pelo próprio herdeiro. Estas habilidades não são herdadas, precisam ser aprendidas.

Desta forma, é importante olhar os desafios que os herdeiros enfrentam e que nem sempre têm sido levados em consideração, tanto por eles próprios como especialmente pelos que olham estas figuras numa perspectiva de inveja ou desconhecimento. Analisemos cada uma destas variáveis, começando pelo fato, aparentemente simples, de ser filho de um pai ou figura brilhante.

A maioria das pessoas que conquista uma posição de destaque em nossa sociedade — seja empresário, artista, político, esportista ou líder em algum setor — parte de características pessoais muito fortes e diferenciadas. Especialmente quando analisamos o contexto brasileiro. De forma geral, são pessoas que romperam com uma origem adversa e conseguiram destaque por méritos próprios. Vale registrar que não estamos aqui estabelecendo qualquer juízo de valor para avaliar a forma como este sucesso foi obtido.

O que interessa em nossa análise é que ser filho de um "pai brilhante" é, por si só, um peso e uma responsabilidade muito grandes. Coloca o herdeiro num patamar de altíssima expectativa como ponto de partida. Mais ainda se levarmos em conta que em muitos casos estas figuras de destaque público tornam-se — em boa parte dos exemplos — figuras privadas de pai e marido ausentes, e com pouco envolvimento afetivo na educação e desenvolvimento dos filhos. Ou seja, o "personagem" que o público conhece não guarda muita coerência com a figura íntima com que a família convive.

Mas é evidente que ser herdeiro de um modelo de sucesso significa uma alta responsabilidade. Em alguns casos esta situação chega a dificultar aos herdeiros encontrar e desenvolver seus próprios sonhos e projetos.

A segunda variável para a qual muitos herdeiros estão despreparados é administrar, com sucesso, o patrimônio que recebem sem nenhum esforço ou mérito. Na maioria das vezes, os que construíram este patrimônio — propriedades, empresas, participações etc. — não educaram seus descendentes para administrá-lo. Tiveram um comportamento tipicamente patriarcal de "poupar os filhos dos sacrifícios da vida", ou, ainda, "evitar que eles passassem pelo que eu passei". Sem falar nos casos em que a facilidade do acesso aos benefícios provenientes da riqueza serviu para compensar — ou amenizar — a dor da consciência provocada pela falta de afeto de pais ausentes.

Administrar recursos materiais requer preparo e capacidade que devem ser adquiridos. E este é um processo educativo que necessita começar muito cedo. Inclusive com a forte participação da figura materna. O velho ditado "dinheiro não aguenta desaforo" continua valendo.

Segundo pesquisas mundiais sobre o tema, "os ativos tangíveis têm mais chances de sobreviver ao longo dos anos quando os pais dedicam tempo e esforço à tarefa de transmitir aos herdeiros não só o patrimônio, mas também as próprias competências".

Um terceiro ponto que torna a herança um processo delicado e complexo é que ela não pode estar dissociada de um legado de valores que acompanha o patrimônio.

Princípios e valores devem fazer parte de um processo de transferência patrimonial. E este conjunto, que pode também ser chamado de arcabouço ideológico, tem relação tanto com o passado — ou seja, aquilo que foi importante na construção do legado — como também no que se refere às condutas e filosofias de ação que devem nortear o futuro.

Pontos como Confiança, Autoconfiança, Honestidade, Transparência, Generosidade, Austeridade, Humildade e Respeito Mútuo podem fazer parte deste conjunto de valores.

Por último, mas não menos importante, todo herdeiro que tenha irmãos, primos ou filhos de outros sócios deverá herdar algo que é bastante complexo e pouco trabalhado. Uma sociedade com pessoas que não escolheu.

E uma parte importante do sucesso futuro no gerenciamento do patrimônio vai depender da forma como esta sociedade se estruture e funcione. Vale sempre recordar o ensinamento de um empresário brasileiro: "Quem tem sócios tem patrão. Tem que dar satisfação. Portanto, não é dono."

Este conjunto de reflexões decorre de observações práticas colhidas em quase trinta anos de convivência e aprendizado com empresas familiares. Não são teorias ou conceitos que exigem comprovação. Mas a sua aparente simplicidade não significa que seu tratamento não seja complexo. Mais ainda, é assunto delicado que exige tratamento preventivo. Preferencialmente com os fundadores em vida.

Ao longo do conjunto destas cartas, vários destes temas serão tratados, e até repetidos, pela sua interdependência. O propósito é reforçar a necessidade de refletir e conversar sobre cada um deles.

Estou certo de que vale a pena. Aceite o meu convite e aborde esses assuntos com seus familiares.

Afetuosamente...

Ser filho de pais brilhantes...

Estimado herdeiro,

Entre as muitas afirmativas que você já deve ter ouvido em sua vida, com certeza está o ditado popular que diz: "Pai rico, filho nobre e neto pobre..." Ou ainda um menos conhecido, de origem chinesa, que afirma: "A primeira geração pisa no barro e planta o arroz; a segunda colhe e come o arroz; mas a terceira voltará a pisar no barro."

É evidente que estas afirmativas fatalistas estão baseadas na longa experiência das histórias das empresas familiares. E não apenas no Brasil, mas no mundo inteiro.

Mas nesta carta eu gostaria de conversar um pouco com você sobre algo muito especial e específico da experiência de ser herdeiro. Ou seja, algo que está na categoria dos sentimentos e emoções que só entende quem está nesta condição. Herdeiro de um legado construído por alguém que lutou muito na sua vida.

Estou me referindo ao fato de ser filho de pais brilhantes.

Possivelmente, a sua primeira reação será de dúvida e incredulidade. É muito provável que você esteja imaginando que "pai brilhante" se aplique, exclusivamente, a figuras públicas de reconhecido sucesso.

E aí lhe vêm à memória astros famosos, políticos Importantes, escritores que publicam best-sellers, esportistas que ganham fama e muito dinheiro... enfim, pessoas que a mídia coloca na categoria de celebridades que muitos admiram, alguns invejam e outros tantos tentam imitar.

Quem sabe você até considere na sua lista de pessoas que admira algum empresário ou empreendedor que se projetou no mundo dos negócios, mas que você não conhece pessoalmente ou nunca viu mais de perto.

Mas aqui estou falando de alguém que, por estar muito próximo de você, talvez não seja considerado como uma figura brilhante nas suas análises. E isto é muito natural, pois temos dificuldade de ver méritos em pessoas que conhecemos na intimidade. Ou seja, em muitas circunstâncias damos maior ênfase aos defeitos do que às virtudes. Mas tudo isto é muito normal.

Possivelmente você já deve estar curioso para saber de quem estou falando. Para sua surpresa, estou falando de seus pais — pai ou mãe, ou ambos — que desenvolveram uma história de muito sucesso.

Aliás, você já teve a curiosidade de lhes perguntar como tudo começou? Como era a vida deles quando decidiram criar um empreendimento sem capital e pouca, ou nenhuma, experiência no mundo dos negócios?

Eu tenho quase certeza de que a história dos seus pais não deve ser muito diferente daquelas que ouvi ao longo de trinta anos de atuação, como consultor de empresas familiares.

Comecemos por falar um pouco sobre o que significa ser "empreendedor" em países como o Brasil. São pessoas com uma capacidade intuitiva acima da média. Pragmáticas e determinadas, não tiveram formação nos bancos escolares. E mais ainda, em qualquer escola superior.

Ser empreendedor significa descobrir oportunidades onde a grande maioria das pessoas só vê problemas. Ser empreendedor decorre do desejo de tornar-se autor do seu destino e de sua história. Ou seja, não se sentir confortável no papel de empregado, mas um desejo muito forte de transformar-se em empregador.

Em muito casos nossos empreendedores vieram de situações familiares, históricas ou geográficas muito adversas. Foram imigrantes, retirantes, exilados de guerras ou figuras insatisfeitas com o destino que sua família, cidade, país ou mercado lhes oferecia. E mais ainda, a maioria dos empreendedores tem sua origem nas camadas da população que enfrentam as maiores dificuldades.

Dificilmente surgem empreendedores na classe média, e menos ainda nos grupos social e economicamente abastados. Ou seja, detentores de privilégios materiais.

E aí você pode continuar com suas dúvidas, pois pode ser que você só tenha tomado consciência da sua situação de herdeiro de um patrimônio quando já desfrutava dele. Ou seja, você não tem lembrança das dificuldades enfrentadas pelos seus pais para construírem o que hoje você observa como algo que deve ser desfrutado. E, quem sabe, ser administrado para que se agregue valor.

Caso você esteja nesta situação, é muito provável que comece a considerar que seus pais são figuras brilhantes, ainda mais se eles aparecem nas colunas sociais ou nas notícias dos destaques das grandes empresas.

O reconhecimento às conquistas deles pode estar restrito à sua cidade, a seu bairro ou a alguma associação empresarial. Mas, reconheça, seus pais são figuras de destaque e adquiriram — ou melhor, conquistaram — um brilho próprio. E isto foi uma conquista que os tornou orgulhosos, autossuficientes e com capacidade para realizar mais ainda. Mas é neste cenário que reside um grande perigo para você.

Ser filho de pais brilhantes pode levar a alguns comportamentos de alto risco. Vejamos alguns exemplos:

- Acomodação pelo fato de nascer numa família de sucesso.
- Dificuldade em descobrir quais são seus próprios sonhos e aspirações, por ficar inibido pela "sombra" de pais fortes.
- Entrar num processo de disputa de poder ou ideias com os pais, desvalorizando o que foi construído.
- Culpar seus pais pelo fato de lhe terem proporcionado facilidades que o deixaram despreparado para os embates da vida.
- Queixar-se de que o "empresário" de sucesso transformou-se no "pai" ausente e desconectado da educação dos filhos.

Enfim, esta lista poderia continuar na busca dos fatores que podem lhe causar desconforto ou insatisfação.

Mas quero encerrar esta carta fazendo dois "lembretes" para sua reflexão. E quem sabe, mais do que isto, iniciar um diálogo com seus pais, irmãos ou primos sobre este assunto.

Ser filho de pais que conquistaram brilho e sucesso por esforço próprio é um grande desafio que caracteriza um dos muitos desconfortos de ser herdeiro.

A solução para estes dilemas é assunto que vai depender exclusivamente de você. Este é um tema que não pode ser delegado a ninguém.

Encerro esta carta na expectativa de que ainda temos muito para conversar.

Até a próxima!

Cordialmente...

A importância da legitimidade

Estimado herdeiro,

Você deve ter percebido que a expressão "legitimidade" aparece em várias cartas e sempre relacionada aos vários temas que tratamos. E de fato, esta é uma questão muito importante e vital para o herdeiro. Ela está diretamente relacionada ao posicionamento que o mesmo deverá assumir frente aos desafios que vai enfrentar.

Colocando esta afirmativa em outras palavras, devemos sempre lembrar que "herança" não requer mérito nem competência. Ela decorre de um direito legal e provém da existência de um patrimônio construído por outra pessoa.

Já a legitimidade é produto de uma conquista pessoal que não depende apenas das habilidades e competências individuais, mas da aceitação e do reconhecimento de todos aqueles que pertencem ao círculo de envolvimento do herdeiro. Legitimidade não se herda e muito menos se delega.

Nesta carta vamos tratar, mais especificamente, das formas para obtenção da legitimidade pelo herdeiro que tenha optado pela alternativa de ingressar na gestão da empresa. Ela é uma das que envolve o maior número de desafios e complexidade, principalmente se considerarmos o fato de que exige um amplo "leque" de relacionamentos com os mais diferentes grupos envolvidos no processo sucessório.

Resumidamente, podemos destacar, especialmente durante o processo de transição, o relacionamento do herdeiro com a figura do fundador; a forma de lidar com os "velhos de casa", muito especialmente aqueles que iniciaram com o fundador e mantêm com o mesmo um vínculo de lealdade muito pessoal, além de acumularem muito poder; fornecedores tradicionais; clientes que gostam de ser atendidos de forma personalizada e toda a estrutura societária e familiar.

É claro que não podemos deixar de lado também o próprio preparo teórico e prático que o herdeiro necessita adquirir, além de envolver-se com associações e entidades de representação do seu segmento empresarial. Inclusive é recomendável que participe de grupos de jovens empresários, como forma de compartilhar experiências e ideias.

Mas vamos detalhar um pouco cada um dos pontos mencionados acima.

Iniciemos com alguns pontos referentes à sua relação com o fundador. É um processo bastante delicado, na medida em que deve procurar estabelecer uma separação entre a figura paterna e a do empreendedor. Isto não é fácil e exige que ambos os lados assumam compromissos muito claros de ajuda mútua. Não podemos esquecer que são duas histórias muito distintas.

Mas o grande desafio consiste em conseguir separar o relacionamento pai-filho daquele que se exige numa relação hierárquica. Sobre este assunto recomendo que você leia a carta específica sobre o tema "Relacionamento pai, filho... e empresa".

De qualquer maneira é fundamental que ambos construam um relacionamento de respeito, apoio e admiração mútua.

O segundo ponto importante é a forma de relacionar-se com os "velhos de casa". E o uso desta expressão não deve ser tomado como algo preconceituoso, mas como uma forma natural como normalmente o grupo daqueles profissionais que iniciaram com o fundador é chamado.

Minha experiência indica que, de forma geral, a lealdade destes funcionários está muito dirigida para a figura do fundador. E nem sempre esta identificação é transferível para o sucessor ou para a empresa, como instituição. Ela se reveste de características muito personalizadas.

Para esta missão, o herdeiro deverá contar com uma contribuição efetiva do fundador e todas as suas ações exigem muita cautela. Não é recomendável querer enfrentar, desmerecer ou alterar radicalmente o estilo de comando. Em qualquer processo de disputa de poder entre um herdeiro e o fundador, não precisa ser nenhum vidente para imaginar o resultado. Importa ao herdeiro conseguir que este agrupamento o veja com legitimidade, nos seus pontos fortes e fracos, de forma que possa sentir-se estimulado a cooperar. Evite entrar em confronto, pois o mínimo que você poderá conseguir é um boicote às suas ações.

É bom não esquecer que muitos dos funcionários mais antigos podem ser detentores de fatias importantes do poder na empresa. E é muito natural que toda pessoa que detém poder reaja à sua perda. E pior ainda se a forma de transferi-lo não for respeitosa.

Meu prezado herdeiro, se você quer conquistar o controle de uma situação que envolve pessoas e estrutura, não tenha vergonha de pedir ajuda. Mostre humildade sem, necessariamente, demonstrar fraqueza.

Aliás, esta tem sido a razão do sucesso de muitas herdeiras — viúvas ou filhas — que não se envergonham de pedir ajuda. Pode ser uma forma sutil de conquistar poder e aliados.

No que se refere aos fornecedores e clientes, as condutas não diferem muito. É evidente que, por ser um público externo, o relacionamento não é tão intenso. Mas devem ser tratados com os mesmos cuidados e atenção.

Finalmente, não deve o herdeiro esquecer do seu processo de formação. E este não é só acadêmico. Vale buscar formas de incluir situações práticas no seu repertório profissional.

E reitero que uma maneira bastante eficaz para ter sucesso nesta experiência é participar de eventos, nacionais e internacionais. Vincular-se, de forma efetiva, em grupos, associações e entidades representativas do empresariado. Muito especialmente, e desde cedo, frequentar grupos de jovens empresários que debatem questões comuns às suas experiências.

Meu prezado herdeiro, como você pode verificar, seus desafios são grandes. Mas a conquista de cada um deles o fortalece para cumprir o seu papel. Parabéns.

Cordialmente...

3 | SER SÓCIO

Um dos grandes desafios, pouco compreendido pelos familiares, é constatar que de fato a herança envolve uma sociedade imposta. Um herdeiro irá herdar patrimônio e negócios que trazem como sócios outros familiares. Os indivíduos podem, ou não, estar preparados para o papel de sócio ou acionista deste patrimônio.

O próximo bloco de cartas está dedicado ao processo de criar vínculos societários junto a seus familiares, explorando os desafios de equilibrar os diferentes papéis e moedas de troca destas relações.

Uma das tarefas deste processo é definir, junto à família, o que significa ser um "bom sócio/acionista". Marcelo Sirotsky, membro da segunda geração da RBS — Rede Brasil Sul, uma empresa que se estrutura para este processo, nos oferece uma importante definição:

> "Ser bom acionista implica colocar as questões empresariais acima das individuais, saber acompanhar os resultados e compará-los com o mercado, ter conhecimento do ambiente de negócios e suas transformações. Ir atrás da informação e ter interesse, saber utilizar os órgãos de representação, buscar sua realização e incentivar a realização de seus familiares e educar-se continuamente."

Alcançar este nível de desenvolvimento com seus sócios será um belo desafio, mas a continuidade dependerá de você. Muitas vezes a interpretação das expressões sócio ou acionista são tomadas de forma pejorativa. Muitos fundadores acreditam que isso seja uma forma de fugir da responsabilidade do "trabalho duro" e viver apenas de dividendos. As empresas familiares que atravessam gerações estão mostrando uma solução em que os acionistas precisam ser mais preparados do que os próprios executivos das empresas. Até porque serão eles que irão tomar as decisões de risco do capital e avaliar a gestão dos negócios.

A definição exposta por Marcelo nos proporciona reflexões e precisará ser debatida em cada família considerando-se as competências e o comprometimento de cada um. As condutas decorrentes desta definição resultam no compromisso que cada membro da família precisa analisar e potencialmente assumir junto a seus futuros ou atuais sócios.

Eis algumas reflexões importantes para este momento:

☐ Ter a clareza de que, como herdeiro, serei sócio e não dono.
☐ Buscar construir relações de diálogo com sua família e futuros membros da sociedade.
☐ Analisar e definir seu projeto de vida, além do papel de sócio ou acionista.

- Preparar-se para ser um profissional com valor e reconhecimento de mercado (dentro ou fora da empresa da família).
- Considerar os desejos de cada um dos membros envolvidos, negociando as opções individuais e incentivando seu desenvolvimento.
- Entender e buscar atualizar-se nas questões de negócios, estando preparado para avaliar a gestão do patrimônio como um todo.
- Compreender a estrutura de poder e governança nos níveis de família, patrimônio e empresa. Legitimar seus órgãos de representação e saber utilizá-los.
- Promover a responsabilidade da nova geração em propor soluções e encaminhamentos do futuro.
- Saber ouvir, negociar decisões e superar questões emocionais para encaminhar o processo.
- Ter clareza de que sucessão é um processo, que pode durar longo tempo e, portanto, irá requerer a convivência de gerações.

Boa leitura das cartas!

A sociedade imposta

Estimado herdeiro,

Vamos conversar um pouco sobre aquilo que efetivamente você vai herdar. Possivelmente haja até um ar de surpresa quando você ler a afirmativa acima. Mas é muito comum que tanto Fundadores como Herdeiros não tenham uma noção muito clara do que, efetivamente, será transferido aos descendentes ou daquilo que os herdeiros irão, de fato e de direito, receber.

Para a grande maioria a ideia é que, de maneira muito simplista, herdar significa tornar-se proprietário e gestor de um patrimônio construído pela geração anterior. E, para muitos empresários, também existe uma falsa ilusão de que sua responsabilidade está cumprida pelo fato de ter construído ou preservado um patrimônio para seus descendentes.

Outros confundem o processo sucessório com a simples transferência legal da propriedade.

Quero aproveitar esta carta para provocar em você algumas reflexões sobre o real significado, e impactos, do processo de transferência do patrimônio.

Herdar um conjunto patrimonial — que pode ser representado por empresas, bens ou investimentos — de forma compartilhada com irmãos, primos ou até mesmo estranhos passa a significar que esta propriedade já não é mais de um "dono". Ela se torna, no momento seguinte, em algo pulverizado – dividido – entre todos aqueles que têm seus direitos a ela vinculados.

Em outras palavras: Todo herdeiro torna-se sócio de um conjunto de pessoas que ele não teve a liberdade de escolher.

E vale lembrar que este vínculo é um fato novo na vida do herdeiro.

Possuir um vínculo familiar ou de irmãos, com muito amor e felicidade nas relações, não é garantia para o sucesso de uma sociedade. É evidente que estes antecedentes contribuem muito para que se possa construir um processo mais harmonioso da nova sociedade. Mas também devemos ter em conta que as relações familiares se constroem com amor, perdão e muito consentimento. Já as relações societárias, que também exigem confiança e afeto, deverão pautar-se por um interesse comum de agregar valor ao patrimônio. Ou seja, haverá um vínculo com o capital que deve ser levado em conta.

E isto não precisa ser encarado como uma transformação dos interesses familiares, de uma pura relação de afeto para um vínculo restrito aos interesses do capital.

Significa, sim, que podemos criar, administrar e educar todos os membros da nova sociedade para uma clara compreensão das suas responsabilidades. Ou seja, todo herdeiro, muito antes de pensar que vai ser um gestor ou profissional na empresa, deve preparar-se para ser sócio, cotista ou acionista de um patrimônio comum.

E este preparo não faz qualquer distinção de sexo, idade, experiência profissional ou deficiência de qualquer natureza.

Portanto, meu estimado herdeiro, tornar-se sócio exige um preparo para o qual muitos nem tiveram muita atenção. Imaginavam que herdar lhes daria o pleno direito de agir como seu pai fazia. Mas isto não é verdade.

É um engano muito comum na empresa familiar confundir a profissionalização do gerenciamento da empresa ou negócio com profissionalização da sociedade. Uma empresa familiar pode ter uma gestão muito competente e profissional, mas ver seu futuro comprometido pela falta de profissionalização dos seus controladores.

Profissionalizar uma empresa pode ser feito com membros da família ou profissionais externos. Em muitas empresas este processo tem se mostrado mais adequado com uma solução mista, ou seja, profissionais familiares e não familiares.

Mas nada disto será suficiente se os demais membros da família, e muito especialmente aqueles que ficarem fora dos negócios, não forem preparados para o exercício do seu papel. Ou seja, de sócios, cotistas ou acionistas de algo que possuem em comum.

A experiência tem mostrado que o maior risco das empresas familiares passa a existir na medida em que um número de pessoas com poder de voto e veto permanece fora dos negócios e com total despreparo. Não devemos esquecer que o "poder", que na geração anterior se confundia com propriedade e gestão, começa a separar-se cada vez mais. E como a tendência é de que o número de herdeiros-acionistas fora dos negócios aumente, reduz-se o poder daqueles que estiverem gerenciando os negócios.

Tornar-se sócio não é um processo muito fácil para muitos herdeiros. Muitas vezes foram acostumados com a falsa ideia de que um dia seriam "donos" do negócio e aí poderiam fazer o que bem entendessem. Alguns, inclusive, se apoiam muito no modelo paterno, que agia com total liberdade e não dava nenhuma satisfação aos demais familiares.

E por esta razão é que muitas vezes empresas familiares muito bem-sucedidas na primeira geração duram muito pouco na segunda. Mesmo quando as relações familiares eram de muita alegria e cordialidade. Em muitos casos, este clima só existia porque a presença dos pais exigia respeito e consideração pelo que receberam. Especialmente o conforto material.

Mas na geração seguinte não existirá mais esta figura patriarcal que se impunha, era respeitada, ou até, eventualmente, temida.

Nenhum herdeiro terá a legitimidade de pai ou dono. Esta é intransferível.

Tornar-se sócio exige humildade para aprender e dar satisfação. Ou seja, se o herdeiro tornar-se gestor do patrimônio, ele deverá, de forma natural e permanente, prestar contas aos demais.

Vale sempre uma frase do fundador da Bombril aos seus herdeiros: "Filhos, procurem se entender. Vocês não serão donos, mas sim sócios. E quem tem sócio tem patrão. Tem que dar satisfação."

Meu prezado herdeiro, ao encerrar mais esta carta quero reforçar a importância e a necessidade de procurar um preparo adequado para o papel de sócio. Não é uma missão fácil. Exige muito conhecimento e tolerância.

E este preparo não está disponível nos cursos de administração ou economia. É algo que vem sendo feito, no Brasil, de forma pioneira, pela Hoft Consultoria, desde 1993.

Mas, acima de tudo, é produto de interesse e esforço pessoal. Exige uma profunda mudança de estilo e comportamento.

Pense bem nisto e complemente a leitura desta carta com outras que abordam os assuntos complementares.

Mas tenha a certeza de que o esforço vale a pena. A Empresa Familiar não só é viável, mas uma das grandes "alavancas" da nossa economia. Corresponder a todas estas expectativas pode lhe dar muitas satisfações, tanto no campo pessoal como no profissional.

Afetuosamente...

Emoção x Racionalidade

Prezado herdeiro,

É muito provável que você, que desde muito cedo recebeu uma educação diferenciada e teve acesso a contatos, oportunidades e pessoas privilegiadas, imagine que o processo de sucessão possa ser algo conduzido com uma forte dose de racionalidade. Mas é bom que você mude de ideia.

A empresa familiar é uma entidade muito complexa, em que boa parte das soluções só terá sentido e validade se forem conseguidas por meio de um intenso trabalho de clarificação das relações. Ou seja, os detalhes emocionais dos relacionamentos ganham importância e, muito do sucesso para encaminhar um futuro saudável para o negócio familiar vai depender, em grande parte, da forma como estas questões forem tratadas.

É curioso observar que, muitas vezes, na relação pais e filhos, a forma como cada um vê o processo é tão diferente que pode comprometer o seu sucesso futuro.

De maneira geral, os pais/fundadores são muito movidos por questões de ordem emocional. E isto porque seu papel de pai se confunde com o de fundador e empresário.

Por outro lado, os herdeiros, no ímpeto da sua juventude, desenvolvem uma visão imediatista e pragmática, imaginando soluções racionais para um processo que nem sempre tem tanta clareza e "pureza" como imagina alguém que está no pleno vigor da fase inicial de sua vida adulta.

Os relacionamentos familiares são complexos e não possuem uma receita mágica. Pais e filhos acertam e erram, mas sempre "com a melhor das intenções". E uma das poucas formas de equacionar este intrincado tabuleiro do jogo dos relacionamentos está na manutenção permanente do diálogo.

Não esqueça, meu estimado herdeiro, que entre uma geração e outra não existe apenas um "choque de ideias". Existe uma história de vida que marca cada um e cria, para a situação presente, um conjunto de expectativas muito diferentes.

O momento de vida de cada um dos personagens de um processo sucessório, ou durante toda a existência de uma empresa familiar, será sempre uma variável importante a ser considerada. E por todas as partes envolvidas.

O cuidado que devemos tomar é de evitar que isto possa tornar-se um "jogo" de ganha-perde, em que ninguém sairá com razões ou alegrias. Mas todos poderão ser perdedores. Além de comprometer todo um patrimônio construído com muito esforço e amor.

Para mostrar como este assunto é importante, mas também delicado, transcrevo a seguir um fato real descrito pelo Professor Richard S. Tedlow, em seu livro *7 homens e os impérios que construíram*, publicado no Brasil pela Editora Futura. Neste livro, Tedlow descreve a história pessoal de grandes personagens do mundo empresarial americano, como Ford, Watson, Sam Walton e outros.

Falando de Andrew Carnegie, um dos homens mais ricos que construiu um império do aço, ele conta o episódio de um encontro seu com sua cunhada, Lucy, viúva de um dos seus irmãos.

"Durante a visita, Lucy queixou-se ao seu perplexo cunhado que seu filho Andrew não escrevia para ela da universidade em que estava estudando. Sem pestanejar, Carnegie disse à cunhada que induziria uma resposta do jovem universitário. Tinha tanta certeza de que conseguiria que apostou dez dólares com ela, uma aposta com a qual Lucy imediatamente concordou.

Então Andrew redigiu o que se poderia chamar de uma carta 'agradável e cheia de notícias' a seu sobrinho e xará. Acrescentou um P.S., em que dizia estar anexando um cheque de dez dólares como presente. Então, deliberadamente deixou de pôr o cheque no envelope.

Sem qualquer perda de tempo, o jovem Andrew Carnegie respondeu a carta do tio, agradecendo o presente, mas preocupado com o fato de o cheque não ter sido anexado.

Carnegie, triunfante, entregou a carta a Lucy, que pagou os dez dólares da aposta para Carnegie. Este, por sua vez, enviou ao sobrinho os dez dólares que prometera."

Esta aparente pequena e simples história pode ser olhada sob vários prismas e interpretações. Mas, sem sombra de dúvida, nos mostra uma faceta do que pode ocorrer no relacionamento entre uma típica figura empreendedora e intuitiva, como foi Carnegie, e uma reação também característica, de um jovem impetuoso que não sentia muita necessidade de informar sua mãe sobre sua vida pessoal e universitária.

Acredito que uma "lição" importante que enfatizo nesta carta é a necessidade do diálogo. Tanto para compreender o explícito — aquilo que está visível —, mas, acima de tudo, para tentar entender o implícito, que está nas entrelinhas ou é subliminar.

Aumente o seu grau de diálogo com o pai, fundador e empreendedor. Será bom para todos.

Afetuosamente...

Pai, filho e empresa

Estimado herdeiro,

É muito provável que uma das razões que levou você, inúmeras vezes, a considerar que trabalhar na empresa da família era algo próximo do impossível, tenha sido a dificuldade do relacionamento com seu pai. E a frase típica "não dá para aguentar o velho" deve ter sido pronunciada muitas vezes.

E, de fato, esta é uma das situações mais delicadas que ambos — fundador e herdeiro — enfrentam no seu relacionamento diário dentro da empresa.

Existe uma inevitável mistura entre os papéis que cada um tem e desempenha. Do lado do fundador, aparece a imagem do empresário, gestor e pai. E no que se refere ao herdeiro, os papéis de filho constantemente se confundem com o de herdeiro e funcionário.

Qualquer pessoa que tenha vivido esta experiência reconhece que ela não é fácil e exige soluções que necessitam ser encontradas de acordo com as peculiaridades de cada caso.

Quem afirmar que isto se resolve com alguma dose de racionalidade demonstra um enorme desconhecimento do assunto ou está mentindo descaradamente.

Não podemos esquecer que fundador e herdeiro são produtos de histórias de vida muito diferentes. E isto os leva, muitas vezes, a ter expectativas completamente distintas.

Para exemplificar o que estou falando, vou aproveitar esta carta para lhe contar um fato real, acontecido entre um pai-fundador e um filho-herdeiro. Ela ocorreu nos Estados Unidos, e é narrada pelo consultor venezuelano-americano Ivan Lansberg.

Um fundador levou seu filho para trabalhar na empresa. Designou-o para um departamento importante e o colocou subordinado a um dos seus gerentes de maior confiança.

À medida que passava o tempo o herdeiro demonstrava um certo comportamento de displicência e desrespeito para com as normas do departamento e da empresa.

Várias vezes chegou atrasado ao trabalho. Outras tantas saiu antes do término do expediente. Na sexta-feira já vinha com sua prancha sobre o carro para ir direto para a praia surfar.

Passados alguns meses, o gerente que tinha este herdeiro como subordinado, após inúmeras tentativas de conseguir dele um compromisso mais sério, desistiu. Resolveu então conversar com o pai e fundador.

Explicou a situação com os cuidados devidos e sugeriu que "quem sabe valeria a pena que o herdeiro fosse trabalhar noutra empresa, onde não houvesse a figura do pai". O pai ouviu com atenção e resolveu ter uma conversa com o filho. Convidou o herdeiro para uma conversa em casa, onde teriam uma situação mais confortável e um clima descontraído. O fundador sentou-se frente ao filho, tomou um chapéu e o colocou na cabeça. Falou, então:

— Filho, este chapéu que estou colocando é de empresário. E para tanto gostaria de falar um pouco sobre o que significa ser empresário. Significa ter uma empresa, funcionários, clientes, fornecedores, hierarquia e um sistema de critérios e disciplinas que devem ser seguidos. Caso os mesmos não sejam obedecidos, instaura-se uma desordem e os resultados serão negativos.

E as informações que me chegaram a seu respeito é que você não obedece às normas da empresa. Chega atrasado, não respeita a hierarquia, sai mais cedo etc.

Nestas condições, você não pode trabalhar na empresa. Portanto, tenho a desagradável missão de despedi-lo. Ou seja, você está desligado da empresa.

Mas antes que o herdeiro esboçasse qualquer reação, o pai tirou o chapéu que tinha e colocou outro, totalmente diferente, na sua cabeça. E afirmou:

— Filho. Este chapéu que acabo de colocar é o de pai. Não mais o de empresário.

E como pai, quero conversar com meu filho. Portanto, me olhe como seu pai.

Acabo de saber que você foi despedido da empresa. Ou seja, você está desempregado.

Gostaria de saber, como pai, como posso ajudar você na busca de uma solução que seja do seu agrado e de utilidade para seus planos.

Embora este fato tenha ocorrido em outro contexto cultural, suas lições podem ter aplicações muito amplas.

Fica evidente que um dos maiores desafios para fundadores e herdeiros é separar estes papéis. Tanto na empresa como em casa.

Mas fica também muito claro que ambos devem fazer um grande esforço no sentido de conversar nas diferentes perspectivas.

Convido-o a pensar um pouco sobre quantas vezes você "misturou" as figuras do pai com a do empresário. Na mesma proporção em que também do seu lado era difícil separar as reações de filho daquelas que devem ser de um funcionário.

Não existe uma receita mágica para isto. Mas é evidente que existem várias alternativas para encontrar soluções. E todas elas passam pelo diálogo e pela capacidade de tentar compreender o outro lado.

Fica aqui minha sugestão: Na próxima vez que surgir um conflito entre você e seu pai, seja na figura paterna ou de empresário, pare e pense. Mas, acima de tudo, convide-o para simular um diálogo baseado na história dos chapéus. Ou seja, cada um coloque o seu e procure estabelecer as distinções dos papéis. Caso possível, podem até "trocar" de papéis para desenvolver uma relação de empatia colocando-se um no "chapéu" do outro. Estou certo de que será uma experiência interessante.

Afetuosamente...

O dinheiro, o poder e suas armadilhas

Estimado herdeiro,

O título desta carta engloba dois tópicos que, na opinião da maioria das pessoas que desconhece os desafios do herdeiro, dizem respeito ao que, na maioria das vezes, é interpretado como o conjunto das oportunidades de ouro, que só aparecem na vida de quem herda algo que não foi produto do seu trabalho ou esforço.

Nascer e viver dentro de uma família que conquistou, e mantém, dinheiro e poder podem provocar dois resultados opostos. De um lado, poderá transformar-se em uma grande oportunidade de ampliar o legado e, simultaneamente, realizar seus próprios sonhos, sem as dificuldades de alguém que necessita lutar pela sua sobrevivência.

Mas não podemos também descuidar dos riscos que esta situação representa, na medida em que gera um conforto perigoso ao desestimular a busca de sonhos próprios e imaginar que dinheiro e poder são infinitos.

Ao examinarmos este tema na perspectiva da elite empresarial brasileira, e até da nossa cultura, que apresenta grande dificuldade na aceitação e gerenciamento da riqueza e do poder, podemos observar a quantidade de armadilhas com as quais o herdeiro vai se defrontar.

Em sociedades e países onde se praticam políticas sociais mais justas, este tema faz parte do processo de preparo do herdeiro desde muito cedo. Ou seja, nos Estados Unidos ou em alguns países europeus, a criança recebe, desde muito cedo, uma educação sobre a forma e implicações da sua relação com a riqueza e o poder.

Estudos recentes feitos nos Estados Unidos, que analisaram os critérios adotados pelos empresários mais ricos sobre a forma da destinação de suas fortunas, registraram uma observação muito interessante: "A única coisa mais difícil do que construir uma grande fortuna talvez seja se desfazer dela." Foi a declaração de grande parte dos empresários que direcionam volumes substanciais dos seus ganhos para a filantropia, apoio à cultura ou ações que retornem à comunidade, na forma de gratidão, pelo que dela receberam. Além, é evidente, de uma redução da sua carga tributária e do reconhecimento público como um benfeitor da sociedade.

Mas, apesar de todos estes cuidados, também nos Estados Unidos o assunto relativo à relação do herdeiro com todas as facilidades provocadas pelo acesso à riqueza apresenta armadilhas perigosas.

Pesquisas sociais feitas recentemente revelam o potencial da perigosa combinação entre riqueza e juventude. Um estudo da Columbia University descobriu que jovens ricos apresentam maior incidência no uso de drogas, ansiedade e depressão do que seus pares das classes média ou baixa.

Ao registrar os depoimentos de pais milionários, a pesquisa registrou opiniões do seguinte tipo: "Muitos pais endinheirados vêm optando por deixar aos descendentes algo como US$10 milhões, em vez de US$100 milhões — o suficiente para manter uma vida confortável, mas não para estragá-los."

Mas voltemos a nossa realidade brasileira para que possamos conversar um pouco sobre as formas como você, herdeiro, pode lidar com estes assuntos de maneira positiva.

É evidente que a forma como a fortuna e o prestígio foram construídos pelos fundadores terá grande importância na maneira como o herdeiro se relacionará com as mesmas. Negócios lícitos e uma imagem de reconhecimento público pela comunidade são origens que estimulam, de forma natural, um relacionamento saudável com riqueza e poder. Portanto, é notória a importância de o herdeiro conhecer a história de seus pais, e, assim, poder sentir orgulho das suas conquistas.

Um segundo ponto é não se deixar iludir pelas facilidades que estas duas variáveis podem apresentar no início ou ao longo da vida.

Cada geração deve agregar valor ao patrimônio e ao prestígio recebidos, pois do contrário tudo poderá "virar pó".

É sempre bom recordar que dinheiro e poder, ao lado da própria vida e da felicidade, são finitos. Ou seja, não trazem, em si mesmos, qualquer garantia de perpetuidade. Exigem um processo de construção permanente.

Uma terceira variável diz respeito a um tema já tratado em outra carta, mas que vale sempre ressaltar. Crie estímulos próprios a partir de sonhos e realizações individuais. Não esqueça que a riqueza herdada deverá ser administrada coletivamente e compartilhada por pessoas com graus de ambição e projetos de vida muito diferentes. E um dos desafios vai ser combinar esta busca individual com soluções coletivas. Missão nem sempre muito fácil da segunda geração em diante.

Por último, não se iluda com a falsa associação entre dinheiro e poder. O dinheiro poderá lhe dar acesso a muitas facilidades e até influenciar pessoas ou ser admirado por formas artificiais na geração de prestígio. Mas o poder é algo que exige muito mais e está vinculado às suas características pessoais. Não pode ser transferido ou delegado. É produto de conquista e sua preservação requer atenção constante.

Meu prezado herdeiro. Estes são temas que requerem uma ação muito mais pessoal do que coletiva. Procure refletir sobre eles e faça uma análise dos seus desejos, expectativas, sonhos e ambições.

Dinheiro e poder contêm armadilhas ou oportunidades.

Compete a você descobrir qual é sua opção. Com certeza, é mais um dos assuntos dignos da sua análise e ação.

Um afetuoso abraço...

De empreendedor a empresário

Prezado herdeiro,

Quem sabe, numa primeira leitura da frase que dá título a esta carta, você não encontre muito sentido ou diferença entre as expressões Empreendedor e Empresário. E isto é absolutamente normal, porque muitas vezes elas são utilizadas como sinônimos.

Mas para efeito desta nossa conversa e as suas razões, a diferença entre os dois termos faz bastante sentido. Mas requer explicações.

Uma das grandes dificuldades que muitos fundadores encontram é exatamente não conseguirem passar do papel de empreendedor ao de empresário. E quanto mais intensa seja esta dificuldade, maiores serão também os desafios dos herdeiros para se envolverem num processo saudável de transferência do poder na empresa familiar.

A maioria dos empreendedores brasileiros apresenta algumas características comuns. São pessoas de origem simples, patriarcais, determinadas, intuitivas, dogmáticas e autoritárias. Mas vale ressaltar que, se não fossem assim, possivelmente não se tornariam empreendedoras. Costumo dizer que empreendedor é aquela pessoa que consegue ver oportunidades onde a maioria só enxerga problemas. Portanto, estamos nos referindo a uma pessoa muito diferenciada no contexto geral da sociedade.

E você, como herdeiro de um fundador, poderá observar algumas destas características na figura do seu pai. E muitas vezes isto lhe causa incômodo e dificuldade para manter um clima de diálogo.

O que acontece em muitos casos, e que dificulta o processo sucessório, é que estes empreendedores não conseguem compreender que, caso queiram dar continuidade à sua obra, devem adotar condutas de empresário.

Você pode, então, se perguntar qual é a diferença entre um e outro.

E uma das mais marcantes diferenças está na forma como cada um se relaciona com a empresa.

Uma característica do Empreendedor é que ele torna a empresa sua própria imagem e semelhança. Ou seja, a própria razão da sua vida. E, neste caso, a relação entre o "criador" (empreendedor) e a "criatura" (empresa) se torna algo visceral, ou seja, um vínculo de dependência mútua. O empreendedor não imagina a empresa sem ele à frente. Cria dificuldades para abrir mão do poder e considera-se, praticamente, como alguém insubstituível.

É muito semelhante ao relacionamento de pais que não educam filhos para o mundo, mas para si. Ou seja, consideram que os filhos nunca estão preparados para os desafios da vida e os tornam dependentes das suas vontades. Assim, estas pessoas poderão passar o resto das suas vidas dependendo de orientação, decisões e dinheiro dos pais.

Quando um empreendedor compreende que sua "criatura" tornou-se maior do que ele, e o seu futuro não pode mais depender, exclusivamente, de sua vontade e de seus caprichos, é o momento em que ele pode, ou deve, transformar-se em um Empresário. Para você, meu prezado herdeiro, a compreensão deste fenômeno e momento é da maior importância.

Um fundador só estará em condições de iniciar sua sucessão, e encaminhar a transição do poder, e de tudo que o mesmo envolve, após o entendimento desta realidade. Portanto, de nada valem as bravatas e iniciativas de herdeiros sem o devido consentimento da figura do fundador.

Especialmente por se tratar de um processo muito delicado, que não pode ser simbolizado apenas por um momento ou episódio, a sensibilização e a consciência do fundador são fundamentais para esta transição. Não se esquecendo que o ideal é que ela seja conduzida em vida do mesmo.

Muitas vezes, quando deixada para depois, ela poderá tornar-se motivo de disputas e litígios que farão muito mal à família, ao patrimônio e à empresa.

Portanto, uma das mensagens importantes desta carta a você, meu estimado herdeiro, é que sua compreensão de todo este processo é fundamental. E, à medida que consiga compreendê-lo, agir de forma habilidosa para sensibilizar todas as partes envolvidas.

Iniciando, é claro, pela figura essencial do fundador. Acredito que, com a leitura destas cartas, deva estar ficando cada vez mais claro para você o quão desafiador e importante é seu papel. Mas posso assegurar que vale a pena quando você vislumbra o futuro na perspectiva de dar continuidade a tudo que seus antepassados construíram.

Cordialmente...

4 | PROJETO DE VIDA

Nascer numa família empresária já traz o projeto de vida pronto. Esta é uma falsa verdade muito difundida. Infelizmente a solução não é esta, pois talento não se transmite através de carga genética. Caberá a cada membro da família descobrir sua vocação e seu caminho de realização. Muitas famílias restringem, ou dificultam, este processo por enxergar apenas uma alternativa de sucesso: trabalhar na empresa da família. Não avaliam outros caminhos para alcançar a realização e, principalmente, conquistar o respeito de todos os familiares. Mas nem todos que seguem este rumo estão felizes.

As próximas cartas o estimularão a refletir sobre seu futuro caminho, as oportunidades do seu papel e a importância de descobrir seu sonho próprio, para poder, de fato, agregar valor ao sonho coletivo.

Definir um projeto de vida é um investimento do herdeiro que exige analisar e encarar diversas variáveis que lhe permitam tomar decisões mais assertivas no presente e com impacto no futuro. Este processo busca atingir os seguintes objetivos:

- ☐ Realizar um processo reflexivo para obter um desenho dos desafios e oportunidades do momento pessoal e profissional.
- ☐ Considerar como relevantes as responsabilidades do papel de sócio ou acionista.

- Analisar o perfil pessoal e profissional, definindo seus pontos fortes e áreas para desenvolvimento.
- Estruturar, de forma prática, um planejamento com clareza das principais ações que o compõem, considerando todos os papéis exercidos pelo herdeiro.
- Negociar suporte e apoio com as pessoas relevantes no processo.
- Construir um projeto de vida que permita uma atuação sustentada, e que possa ser monitorado pelo próprio herdeiro.

Este processo se dá por meio de suporte individual e instrumentos adequados que possibilitem analisar os principais aspectos do passado, presente e futuro. É importante que cada um dos membros da família tenha a oportunidade de desenhar seu projeto. Este processo tem-se mostrado motivador para uma maior abertura e transparência nas relações familiares. Uma das perguntas cruciais é: Você quer ser feliz ou sempre ter razão? Ao que muitos herdeiros respondem: Por que não as duas juntas? Muitas vezes, ter razão dentro de uma família muito forte implica abrir mão de sua individualidade e apenas fazer aquilo que é esperado. Por outro lado, ser feliz é um conceito muito pessoal, que precisa ser descoberto pelo herdeiro e conquistado ao longo da vida. O prof. Manfred Kets de Vrie, da área de comportamento organizacional do Insead — França, aponta três pontos que, em sua análise, definem a felicidade:

- Ter alguém para amar
- Ter algo para fazer, sentir-se útil, contribuir
- Ter esperança de algo, sonhar

Cada membro da família precisará descobrir os ingredientes de sua equação que trarão este resultado; isto é muito particular.

Ao analisar seu projeto de vida, lembre-se de que ele não se resume à sua carreira. Existem diversos papéis que merecem sua atenção e podem contribuir para seu sucesso.

Após o desenho do projeto de vida, é necessário uma reunião com a família, pois, afinal, estamos num desafio coletivo. São úteis reuniões entre os membros das duas ou até três gerações para que negociem os aspectos de apoio e suporte ao projeto. E também para identificar e estruturar as lideranças nos sistemas família, patrimônio e empresa.

Boa sorte e aproveite as cartas!

Busque seu sonho

Estimado herdeiro,

O tema desta carta aparece, de forma direta ou indireta, em várias das outras que compõem este livro. E isto tem várias justificativas, todas elas com razões muito próprias.

Uma das grandes dificuldades que muitos herdeiros enfrentam, ou usam para justificar sua própria insatisfação, ou até frustração, é o desafio de descobrir e batalhar pelo seu sonho.

Nascido, criado e educado em uma família que, a princípio, lhe oferece tudo, este conforto pode funcionar tanto no sentido de tolher iniciativas como também gerar um nítido comportamento de acomodação, que costumo chamar de "conforto perigoso".

Para exemplificar o que estou dizendo, lembro sempre de uma situação que encontrei entre um grupo de médicos, todos muito bem-sucedidos e que haviam construído juntos um conjunto hospitalar.

Alguns deles, no papel de pais e preocupados com a sua sucessão profissional, fizeram aos filhos a seguinte proposta:

Filho meu que quiser ganhar um carro só vai conseguir este direito se estudar medicina!

Como você pode constatar, esta situação utilizada por um pai, dentro do mais sincero desejo de ver SUA atividade e opção profissional ter continuidade na figura de um filho, foi exercida com um discurso de "muito amor", mas também com fortes elementos de chantagem emocional. Afinal, a promessa de um carro para um jovem é muito tentadora.

O risco que esta atitude representou foi que muitos destes jovens fizeram sua opção muito mais movidos pelo receio de desagradar o pai, além da expectativa de estarem, muito rapidamente, motorizados.

Mas o resultado mais perigoso de tudo isto é que poucos fizeram algum esforço para descobrir quais eram SEUS sonhos – não os dos seus pais. Além disso, tornam-se, no futuro, médicos frustrados com suas escolhas.

Os estudiosos do mundo dos sonhos – e aqui nos referimos àquilo que sonhamos quando estamos acordados – têm constatado que uma pessoa impedida ou que não tenha iniciativa para desenvolver um sonho próprio torna-se coadjuvante do sonho dos outros.

E na relação pais e filhos, especialmente em processos que envolvam figuras paternas muito fortes e marcantes, esta possibilidade é bastante concreta e com tendência a ocorrer muito mais do que imaginamos. Inclusive com "reforço" e apoio da figura materna. Afinal, em tese, "já está tudo pronto e encaminhado". E isto é muito perigoso.

É evidente que a importância do sonho não tem relação direta com a idade. Até aqui, temos falado dele na perspectiva do jovem. Especialmente do herdeiro.

Mas é válido também registrar que uma das maiores dificuldades que muitos fundadores apresentam, no encaminhamento do processo de sua sucessão, é encontrar novos sonhos que o façam compreender que, ao se afastarem de suas obras — empresas —, a vida continua com toda sua beleza e sentido.

Os sonhos podem dar sentido à vida. Em muitos casos, podem ter se tornado o ponto de partida de muitos dos grandes empreendimentos da humanidade.

Lembro-me sempre de um ditado popular que li certa vez, de um autor desconhecido, que constata, em tom muito afirmativo, que "você está ficando velho quando seus arrependimentos são maiores do que seus sonhos". E esta é uma dura realidade que "castiga" muitas pessoas, levando-as à perda do amor pela vida, além de um sentido para continuarem sua existência.

Pessoas muito poderosas, que conseguiram este reconhecimento com muita luta e persistência, como é o caso da maioria dos fundadores, apresentam dificuldades para reencaminhar suas vidas, quando resolvem ceder espaço aos mais jovens.

E, na maioria dos casos, só o farão a partir de novos sonhos que as desafiem para a ação.

Portanto, meu estimado herdeiro, olhe este tema com muito carinho e interesse. Ele poderá ser determinante não apenas para o início do seu processo de conquista do poder e reconhecimento. Mas algo que deverá orientar suas condutas e ações ao longo de toda a vida.

Sobre o tema existe uma vasta literatura, em sua maioria relacionada ao estudo dos sonhos quando dormimos. Mas aqui vale saber um pouco dos sonhos que temos quando estamos acordados.

Para quem tem interesse, recomendo a leitura de um instigante livro sobre o tema, de César Souza, autor nacional, *Você é do tamanho dos seus sonhos,* publicado pela Editora Gente.

Minha última recomendação é que você não descuide deste tema. E desperte os demais herdeiros para o mesmo.

Afetuosamente, na certeza de muitos sonhos...

As alternativas para o futuro

Estimado herdeiro,

O conjunto destas cartas representa uma tentativa de abordar vários temas que dizem respeito ao processo que envolve uma empresa familiar. E você já deve ter percebido que existem tópicos que são tratados levando em conta mais as variáveis emocionais e, outros, com uma forte tentativa de abordá-lo dentro de uma perspectiva de racionalidade. Mas, na maioria das vezes, os assuntos se apresentam mesclando estes dois aspectos. Ou seja, nenhuma solução é totalmente lógica ou se resolve apenas por uma visão e abordagem emocional ou afetiva.

Assim também acontece com nosso assunto desta carta, que visa debater algumas alternativas que permitam encaminhar o futuro de uma empresa familiar.

É evidente que este futuro da empresa não está desvinculado dos sonhos e aspirações tanto da família como de cada um de seus componentes.

A maioria dos fundadores elabora um "discurso" a partir de um desejo natural, de ter feito a empresa para seus herdeiros. E, portanto, não imagina nenhuma outra solução futura que não seja a empresa administrada por seus filhos.

Qualquer alternativa diferente, como vender, cindir ou buscar um sócio, é vista como fracasso. O que não significa, necessariamente, uma verdade. E como veremos mais à frente, elas podem ser válidas e se tornar soluções muito dignas.

Para entendermos o legítimo desejo do fundador em perpetuar a empresa vinculada à família, é útil voltarmos a falar um pouco de seu vínculo com a empresa como sua "criatura" na relação com o "criador". Faremos isto ampliando um pouco as reflexões já expostas em outra carta.

Para muitos patriarcas, a empresa é como se fosse mais um filho. Aliás, não apenas mais um, mas alguém muito especial.

Baseado em depoimentos que já ouvi de fundadores, muitas vezes eles consideram a empresa seu filho preferido porque, em sua opinião, foi por ele criada e cuidada. Os demais filhos — irmãos simbólicos — foram cuidados e educados pela mãe.

Então pode surgir aí, na visão do fundador, um sentimento muito dividido. Na mesma proporção em que ele quer que a empresa continue, e de preferência "tocada" pelos filhos, ele não vislumbra neles as competências e o interesse necessários ou legítimos para dar seguimento à história de sucesso. Em sua própria avaliação, o fato de os filhos terem sido educados pela mãe, uma figura excluída e alienada do processo empresarial, dificulta a sucessão gerencial. Tudo isto na visão do fundador, que, como sempre queremos lembrar, mistura os "chapéus" de pai, dono e gestor.

E é muito curioso observar como este processo, mal compreendido por quem está nele envolvido, pode terminar levando à completa destruição, da família, do patrimônio e da empresa. E, mais grave ainda, não permite ao conjunto dos familiares imaginar alternativas que não sejam entrar em conflitos e travar litígios.

Boa parte do trabalho da consultoria pode contribuir exatamente a partir deste quadro. Mas jamais apresentando soluções prontas. Em qualquer hipótese, elas devem ser produto de um processo de facilitação para que os envolvidos encontrem suas soluções. Nenhuma "receita mágica" vinda de fora vai vingar por muito tempo. Ela pode ser aceita num primeiro momento, mas, se não for assumida como vontade e compromisso do grupo, não terá vida longa nem legitimidade.

Considerando este panorama, que é mais comum do que se imagina, podemos então buscar alternativas. Algumas serão descritas abaixo, não em uma ordem de prioridades, pois cada caso é muito singular em sua forma e abordagem.

Uma primeira alternativa pode ser a venda integral da empresa, o que não será muito fácil para o fundador, mas, por outro lado, isto só será possível ocorrer de forma rentável e agregando valor exatamente com a presença do fundador.

Caso esta alternativa seja deixada para a próxima geração, existe grande probabilidade de que a empresa não seja vendida, mas sim, comprada. Explicando: vende-se algo quando nos entendemos e estabeleceremos um preço que é satisfatório para todas as partes. Quando isto não acontece, e existe um processo de disputa ou litígio, a empresa será comprada pelo preço e pelas condições que o interessado quiser. E todos nós temos no Brasil inúmeros exemplos recentes de história com este desfecho.

Então, para vender, tornam-se necessários alguns pontos devidamente fixados sob a forma de consenso, tais como: valor, moedas envolvidas, confidencialidade e um acordo de condutas para todos os envolvidos.

Mas existe ainda um outro ponto importante que deve preceder a venda. Cada componente da família necessita ter clareza sobre o que fará "no dia seguinte" após a venda.

Em nossa experiência, uma das grandes dificuldades para se estabelecer um acordo sobre as variáveis que dizem respeito a uma operação de venda é a falta de um projeto claro sobre o que cada um fará após o desfecho. É muito importante.

Não devemos esquecer que a venda pode ser encarada como uma perda. É indispensável ter clareza do que faremos para suprir este "vazio". Muito especialmente o próprio fundador. Mas também os herdeiros.

Uma segunda alternativa é a cisão. Ou seja, uma divisão patrimonial dentro da própria família.

Para encarar esta alternativa, é fundamental que cada um dos herdeiros não encare a empresa como sua única opção de vida.

Diante da impossibilidade de conciliar interesses individuais e, acima de tudo, estruturar um processo societário entre irmãos ou primos, uma cisão do patrimônio, que preserve a equidade nos direitos individuais, pode contribuir para preservar a empresa, o patrimônio e a família. Em nossa experiência, quando esta alternativa foi utilizada ela permitiu, posteriormente, uma maior união familiar. É evidente que também aqui serão da maior importância os projetos pessoais para o momento "depois" da cisão.

A terceira alternativa pode ser uma venda parcial ou busca de um sócio. Esta opção passa pelas mesmas exigências das alternativas anteriores, mas exige que haja um efetivo acordo, tendo em vista não apenas que a sociedade entre os herdeiros vai continuar, mas também que o grupo terá um novo sócio, com o qual deve relacionar-se de forma integrada. Qualquer desavença poderá fragilizar tanto um posicionamento como também o valor do patrimônio. Correrão o risco de a empresa ser comprada em condições vantajosas para o novo sócio.

Como você pode ver, meu prezado herdeiro, esta carta foi um pouco mais longa porque examinou algumas alternativas que tentam demonstrar que o futuro e o sucesso de uma empresa familiar não passam apenas pela ideia fixa de manter todo mundo vinculado ou dependente da empresa herdada. Existem outras formas de perpetuar a empresa, o patrimônio e viabilizar a felicidade da família e de seus componentes.

É claro que todas as alternativas têm seu preço e suas dificuldades. Procure avaliá-las no seu caso e de sua família. Mas, acima de tudo, leve este tema para debate e conversas.

Você já sabe que ele terá implicações emocionais e lógicas. Mas nenhuma delas impedirá as possíveis soluções.

Afetuosamente...

Tornar-se empreendedor

Estimado herdeiro,

Entre os muitos desafios que o herdeiro enfrenta, um deles é o de tornar-se um empreendedor. É evidente que este desafio só faz sentido para alguém que deseja criar algo muito genuíno, próprio e com sua marca pessoal.

Mas é sempre bom lembrar que empreender deve ser encarado como "uma" das alternativas que os herdeiros podem considerar em suas opções futuras. E com certeza esta não será uma das mais fáceis. Por esta razão, nesta carta queremos discutir um pouco sobre este tema. Trazer algumas reflexões para sua análise.

Um dos primeiros desafios, já discutido em outra carta, é o fato de ter nascido filho de um pai ou pais brilhantes. Ou seja, pessoas que conseguiram sucesso e reconhecimento com base em muito esforço e determinação pessoal.

Aprender a administrar, conviver e, eventualmente, superar uma situação como esta exigem uma forte capacidade de valor individual. O sucesso dos pais torna-se uma referência que, com muita facilidade, pode gerar um comportamento de acomodação. Costumo chamar esta situação de "conforto perigoso". Ela pode encobrir uma falsa ou fácil solução para os dilemas do herdeiro.

Mas, por outro lado, pode também levar ao comportamento de rebeldia. Ou seja, uma total negação ou tentativa de boicotar aquilo que foi ou será herdado. Esta atitude também pode não funcionar e gerar resultados ou posturas de frustração.

Outra dificuldade para desenvolver o espírito empreendedor são as conclusões de um estudo sobre a transferência das grandes fortunas feito nos Estados Unidos.

Ao considerar a preocupação de muitos pais e empresários de não estragar os filhos com heranças muito grandes, já que "a maioria dos americanos ainda valoriza, acima de tudo, aqueles que se fizeram por si próprios", eles temem que os herdeiros possam se ver roubados no sentimento de realização.

Segundo James E. Stowers, fundador da American Century, e que consta da lista como a quinta maior fortuna americana do ano de 2002, "se nossos filhos têm tanto dinheiro que lhes falta motivo para sair da cama pela manhã, estamos lhe fazendo mal".

É evidente que todos estes cuidados e precauções têm grande importância, especialmente se considerarmos que empreender é ter a capacidade de transformar problemas em oportunidades. E uma das condutas de muitos pais é realizar todos os esforços possíveis para "poupar" seus filhos de qualquer sacrifício ou dificuldade. E isto muitas vezes é feito com um profundo discurso de amor, proteção e carinho.

Mesmo quando olhamos a realidade brasileira, é possível verificar que os empreendedores não surgem, em sua maioria, das classes médias ou altas da sociedade. Eles emergem das camadas mais carentes de nossa sociedade.

Estudos recentes sobre as transformações sociais no Brasil têm demonstrado que se trata de um país onde a riqueza tem mudado de mãos muito rapidamente. Em 2002, de cada 100 fortunas, apenas 18 tinham sido herdadas. As 82 restantes eram produto de novos empreendedores que emergiram das classes mais carentes da população.

É curioso observar que, muitas vezes, a facilidade do recurso do dinheiro pode gerar estímulos falsos.

O herdeiro deve estar muito atento para tentar descobrir quais são, verdadeiramente, seus desejos e ambições. Cuidado com as vontades e "planos prontos" dos pais.

Desenvolver o espírito empreendedor não está diretamente relacionado à existência de recursos materiais. É antes de tudo um sentimento que deve vir do íntimo de cada um.

Pare e faça-se algumas perguntas:

Você está preparado para iniciar algo pequeno? Muitas vezes a resposta é difícil porque o referencial que o herdeiro possui é de uma grande empresa já "pronta".

Está em condições de, na fase inicial, funcionar tanto como "presidente" como "office boy" do seu empreendimento? Ou seja, simbolicamente, nenhum negócio se inicia com alguém que apenas se senta à mesa e começa a emitir ordens. O empreendedor deve interagir profunda e intensamente com seu negócio.

Você possui características para conviver com riscos? Com oscilações de mercado? Com renda oscilante?

Você sente que pode "apaixonar-se" por algo em que acredita? E pode fazer com que outros sintam as mesmas emoções e interesses?

Você possui um conjunto de valores e crenças com que possa impregnar sua empresa?

Seu entusiasmo é contagiante? Você está preparado para automotivar-se e motivar os outros?

Enfim, meu prezado herdeiro, é evidente que estas questões são muito mais amplas e, de certa forma, tornam o processo de empreender algo permanente.

Caso haja em você um desejo genuíno e legítimo de criar algo com sua marca, vá em frente. É bom lembrar que o fato de você escolher criar algo não significa que seu papel de herdeiro tenha desaparecido.

Em muitos casos que conseguimos acompanhar, foi possível perceber que herdeiros que se tornaram empreendedores transformaram-se também em ótimos sócios ou acionistas do patrimônio que herdaram. Conseguiram agregar valor tanto ao que construíram como àquilo que foi herdado.

Fica aqui um convite para que você avalie suas aspirações pessoais. Se descobri-las, não hesite em desenvolvê-las.

Um afetuoso abraço e até nossa próxima conversa.

Cordialmente...

A irmandade

Prezado herdeiro,

Fazer parte de uma família envolve vários tipos e características distintas de relações. E embora nem sempre tenhamos isto muito presente, é claro que o relacionar-se com os pais se reveste de muitas diferenças em relação à forma como lidamos com os irmãos. Mas mesmo no núcleo de irmãos, é útil observar que também a forma como nos vemos e nos tratamos possui diferenças marcantes. Conheço alguns casos de empresas familiares que apresentam uma característica muito interessante. Muito antes de eles se tratarem como sócios ou gestores do negócio da família, a sua "irmandade" se tornou um vínculo tão forte que gera até ciúmes das esposas. Ou seja, eles possuem entre si uma profunda cumplicidade em tudo que fazem que esta relação precede todas as demais. Um acordo dos irmãos, mesmo quando possam existir algumas discordâncias, é cumprido a ferro e fogo. Inclusive pelos que divergem.

Examinemos algumas variações que podem ocorrer no relacionamento e na dinâmica de uma irmandade. E todas elas apresentam alguma importância ou peculiaridade.

No caso de uma família empresária, estas observações ganham ainda maior relevância.

Ser o filho mais velho representa peso, compromisso, responsabilidade ou privilégio.

Estar entre os do meio também tem seus efeitos e reações. E o que podemos dizer daqueles que são os caçulas?

Estes, muitas vezes, nascem numa fase de vida muito diferente da relação conjugal dos pais, além de também desfrutarem de uma fase mais "abastada" da família, do ponto de vista patrimonial e financeiro. Especialmente nos casos de filhos da primeira geração. E as filhas mulheres?

Para elas, a cultura familiar decorrente da forma como o casal se relaciona poderá ter efeitos e implicações muito particulares. Pais machistas e mães submissas podem gerar tanto comportamentos de rebeldia como de acomodação. Mas em qualquer dos quadros os seus efeitos serão sentidos pelos irmãos.

Filha única num conjunto de irmãos. Ou o inverso, filho único cercado de várias irmãs. Ou ainda os casos em que só existam filhas mulheres e o fundador se julga em "desvantagem" por não possuir um herdeiro homem. Ou também os casos em que só existam filhos homens.

Irmandades onde o casal permanece por longo tempo sem ter novos filhos e, repentinamente, aparece um "temporão" cuja diferença de idade com os demais vai ser significativa. Seus interesses, momentos de vida, expectativas e tratamento serão marcadamente diferenciados.

Mas não podemos esquecer aqueles casais que se separam e criam uma nova família. Surgem agora os meios-irmãos, um novo agrupamento com origens muito diversas. Ou as situações e constrangimentos quando aparecem os filhos fora do casamento. Produtos de aventuras amorosas ou espertezas de amantes podem alterar profundamente um relacionamento de irmãos, especialmente quando isto implica dividir um pouco mais o patrimônio.

Para muitas famílias, estas separações conjugais, novos relacionamentos ou "filhos surpresa" podem implicar o início de uma nova etapa que pode ficar conhecida como a fase "dos meus, os teus e os nossos".

Para Jay Hugues, advogado americano que ganha a vida orientando famílias sobre formas de manter o patrimônio mesmo diante do desafio do seu crescimento, "família é um processo que se inicia com dois seres humanos que se escolhem por afinidades e começam com dois sobrenomes. Mas o componente crucial, especialmente das grandes famílias, é perceber que eles devem prosseguir na busca das afinidades. Depois de três ou quatro gerações, até as famílias mais poderosas se dividem em clãs, e alguns voltam a optar por formar tribos, quando a situação lhes convém".

O sentido tribal a que o advogado americano está se referindo é a construção de relações de confiança duradouras. Ou uma forte razão para preservar a cumplicidade entre os seus membros. E quando falamos de irmandade, o ponto central está na capacidade de construir relações de confiança bastante abrangentes. Não apenas na família, mas também na sociedade acionária e nos negócios.

Vejam o que diz, sobre a confiança no mundo moderno, o economista prêmio Nobel, Kenneth Arrow: "Nos dias de hoje, se nada mais abonasse a seu favor, a confiança possui um importante valor pragmático. A confiança é um lubrificante essencial do sistema social. E de grande eficiência: evitam-se muitas preocupações quando se acredita minimamente na palavra dos outros. Infelizmente, trata-se de um bem que não se pode adquirir ao virar a esquina. Quando temos de adquiri-lo, somos logo assaltados por dúvidas. A confiança e outros valores do mesmo tipo, como lealdade e veracidade, são exemplos daquilo a que os economistas chamam de 'coisas exteriores' ao sistema econômico. Mas aumentam a eficiência do sistema."

Portanto, quando nos referimos às inúmeras variáveis que interferem no relacionamento e dinâmica das diferenças entre irmãos, é indispensável considerá-las dentro de um universo em que a confiança deverá ser construída, apesar das diferenças, mas também por elas.

E se você ficou preocupado com as variações decorrentes do relacionamento de irmãos, não se preocupe, isto será bem mais complexo quando chegarem na geração de primos, pois aí não haverá apenas uma família, mas várias, tanto na qualidade como na quantidade.

Que tal incluir uma conversa com seus irmãos sobre este assunto? Estou certo de que vale a pena. Portanto, não espere que todos cresçam demais. O aumento não será apenas etário, mas também das opiniões, divergências e expectativas.

Afetuosamente...

5 | A EDUCAÇÃO
DE ACIONISTAS

Preparar-se para a continuidade requer investimento e dedicação de todos os membros da família. Ao definir seus projetos de vida, cada um dos familiares poderá refletir sobre sua atuação e metas no futuro. O ponto comum que os manterá ligados será o fato de que serão acionistas ou sócios em um desafio coletivo. Para este papel, todo o grupo terá de ser preparado e educar-se continuamente, pois, como já vimos anteriormente, as responsabilidades de um acionista são complexas.

As cartas a seguir irão provocar reflexões sobre pontos como longevidade e continuidade da empresa controlada pela família. Este desafio, você verá, será vencido a cada dia, com a educação dos familiares.

Ao longo dos anos, trabalhando junto aos familiares, criamos um Modelo de Formação de Acionistas que visa atender a esta necessidade. O modelo envolve quatro aspectos de desenvolvimento e tem como quinta variável, e ponto central, a definição do projeto de vida negociado com a família.

MÓDULOS TÉCNICOS

Visam preparar os herdeiros para o seu papel empresarial, na perspectiva de futuros acionistas, profissionalizando os controladores do capital com o compromisso de perpetuarem a sociedade. Os módulos buscam igualar os níveis de conhecimento técnico de todo o grupo.

MÓDULOS DE INTEGRAÇÃO

Encontros de família que exploram os temas relacionados à dinâmica e à convivência societária. Poderão ser envolvidas várias gerações da família, conforme a necessidade e o entendimento do grupo. Estes módulos visam desenvolver e consolidar a relação entre os acionistas.

MÓDULOS DE RELACIONAMENTO COM A EMPRESA

Estruturados em parceria com a família, visam estabelecer um relacionamento profissional dos acionistas com os negócios, suas unidades e seus executivos. Normalmente, cobrirão os conteúdos abordados pelos módulos técnicos, podendo incluir visitas monitoradas aos negócios, encontros, reuniões e palestras com os executivos, familiares ou não familiares.

MÓDULOS COMPLEMENTARES

Definidos em parceria com a família, envolvem a participação nos principais programas nacionais e internacionais para desenvolvimento dos acionistas como complementação dos módulos anteriores e reforço à formação da família empresária. Podem incluir a participação em cursos, seminários e palestras, assim como a realização de estágios ou trabalhos profissionais em empresas familiares, no Brasil ou no exterior. O grupo deverá eleger os representantes para participação nas principais ações; estes, por sua vez, se comprometem a compartilhar os resultados e aprendizados adquiridos com o grupo todo.

A família Nishimura, controladora das Máquinas Agrícolas Jacto localizada em Pompeia no estado de São Paulo, e com três gerações adultas, tem-se dedicado a este processo e obtido resultados concretos. Todos os herdeiros realizaram seus projetos de vida e seguiram as reuniões de núcleo familiar para a negociação e o suporte aos projetos. Após esta etapa, um grupo de líderes da terceira geração foi eleito para conduzir a formação dos acionistas por meio da criação de um conselho. Este grupo vem trabalhando neste tema, de forma voluntária, e mostra-se cada vez mais reconhecido e legitimado pelos familiares. A seguir, um exemplo dos eventos que realizam bimestralmente e da forma profissional como eles têm conseguido se relacionar com a família.

> # CONVITE
>
> Você está convidado(a) para a reunião bimestral dos Sucessos do Grupo Jacto com a Hoft Consultoria. Gostaríamos de convidar as mães a participarem conosco nos dois dias, pois neste próximo evento estaremos abordando o tema *Análise econômico-financeira de desempenho de empresa*. Teremos conosco a presença da consultora Marisa Laham no dia 3 e da 2ª Geração de Acionistas do Grupo Jacto no dia 4. É um assunto de extrema importância para todos nós, contamos com a sua participação!
>
> **Dia 3 de julho – Sábado**
> Local: Clube da Jacto
> Início: 10:00 horas
> Término: 18:00 horas
> Almoço no clube.
>
> **Dia 4 de julho – Domingo**
> Local: Hotel SunValley de Marília
> Início: 10:00 horas
> Término: 12:30 horas
> Almoço no hotel, após o almoço estaremos reunindo todos para uma confraternização no boliche do shopping Aquarius.
>
> 3ª Geração dos Acionistas Jacto

Educar acionistas envolve muita capacitação técnica e comportamental, mas principalmente reflexões sobre a responsabilidade deste papel e sua relevância para a continuidade. Serão os temas das cartas que se seguem. Aproveite!

Ter e ser

Prezado herdeiro,

Possivelmente estas duas palavras acima descrevem, de forma muito resumida, um dos mais fortes dilemas de todo herdeiro. Este tema não é novo. Muitos autores o têm discutido na perspectiva da própria vida como um todo, especialmente aqueles que se dedicam ao estudo do comportamento humano.

Mas a maioria o aborda muito mais como uma pergunta, formulada da seguinte maneira: Ter ou ser? E procuram levar-nos a uma séria dúvida, muito existencial, é claro, de que uma forte preocupação com o ter pode nos impedir de desenvolver o ser.

É evidente que para muitas pessoas, extremamente ambiciosas ou egoístas, o desejo de ter — no sentido de possuir — bens, dinheiro etc. pode levá-las a uma incapacidade de desfrutar o que conquistaram ou até de se sentirem pessoas felizes e de bem com a vida. Ou seja, o seu "ser".

Também não podemos desconsiderar um fator de muito peso na sociedade moderna, em que o sentido consumista é estimulado de várias formas. Para muitas pessoas, o TER passa a ocupar uma importância muito grande, na medida em que todos os seus parâmetros de sucesso se apoiam naquilo que elas podem adquirir, possuem ou podem ostentar. Com certeza, pessoas como estas levam uma vida muito "pobre", ou medíocre, do ponto de vista da sua própria razão de existir.

Para o herdeiro, estes dois pontos podem, e devem, ser examinados sob várias perspectivas.

Em primeiro lugar, o TER é uma situação herdada, para a qual não foi exigida nenhuma habilidade ou esforço pessoal. E esta condição, de ter herdado sem haver conquistado, pode esconder muitas armadilhas.

A primeira delas é uma acomodação com a aparente tranquilidade que o patrimônio pode gerar. Não se sentir desafiado a novas conquistas para ampliar e agregar valor àquilo que recebeu ou poderá receber.

A ideia de que um sólido patrimônio construído por seus pais ou ascendentes, pode apenas ser consumido, sem administração e até mesmo sem que seu valor seja acrescido do ponto de vista material, é muito arriscada. Diz um velho ditado que "dinheiro não aguenta desaforo", e desta experiência nossa história de famílias abastadas está repleta. Não se torna necessário nem esperar a terceira geração. Muitas já dilapidam o patrimônio na transição da primeira para a segunda.

A segunda armadilha é o fato de que haver nascido em uma família de posses pode gerar nos pais um sistema de educação totalmente protetor, que abafa ou elimina o desejo de uma busca individual pelos filhos.

E é nesta condição que se torna útil considerar a importância do desenvolvimento do SER.

O que você, meu estimado herdeiro, deve levar em conta é que a busca de um sentido para a sua vida não é incompatível com o fato de você TER. Mesmo que este TER seja herdado.

Em outra carta já falamos da importância do sonho próprio como forma de uma busca autêntica daquilo que lhe é importante.

Nesta conversa o sentido é outro. Além de sonhar, é fundamental desenvolver a sua capacidade de SER. Estabelecer para a sua vida um significado que o faça sentir-se forte para enfrentar os desafios e, ao mesmo tempo, estar e tornar a felicidade e realização um estado de busca permanente.

E no caso do herdeiro esta "busca" se reveste de duas vertentes. Uma delas é a necessidade de encontrar um sentido para a sua vida pessoal e profissional. E a outra é desenvolver formas coletivas de realização e felicidade. Não basta que apenas alguns se sintam realizados, e outros não. Cada um, e também no conjunto, deve possuir este sentimento.

Vejam a declaração de Adolph Ochs, um dos fundadores do famoso jornal americano *New York Times*, em mensagem aos seus descendentes: "Nada destruiria os alicerces da empresa, com mais rapidez, do que disputas de família, ambições egoístas ou objetivos acanhados. Seus herdeiros teriam de ganhar dinheiro, sem se deixar seduzir por ele, teriam de manter as tendências, sem se deixar levar por elas, teriam de contratar pessoas de talento, mas não tão egocêntricas a ponto de se tornarem indispensáveis. Inclusive dentro da própria família."

Você deve estar descobrindo, ou refletindo, com esta carta o quanto a fato de TER não impede um belo desenvolvimento do SER. E no caso do herdeiro isto é ainda muito mais importante e vital.

Nos dias atuais, a ampliação do conceito e prática da Responsabilidade Social, não apenas por parte das empresas, mas também das famílias e acionistas, é cada vez mais uma oportunidade para encontrar formas de SER que propiciem sentido e utilidade à vida.

Pense nisto e converse com a família sobre o quanto estas duas palavras tão curtas, TER e SER, podem provocar mudanças e projetos de vida importantes.

Vá em frente e dê sentido à sua vida.

Afetuosamente...

Agregar valor é fundamental

Prezado herdeiro,

Quero nesta carta convidá-lo a uma reflexão sobre um ponto muito específico em que seu papel de herdeiro será afetado. Refiro-me à importância, necessidade até, de cada nova geração agregar valor ao patrimônio herdado.

Uma ilusão muito constante que as heranças geram nas pessoas, tanto nas que as construíram como naquelas que as herdam, é que o patrimônio herdado, desde que bem gerido, poderá ser perpetuado. E mais ainda, permitirá aos descendentes manter um bom padrão de vida e tranquilidade financeira.

Nossa história — e não apenas a brasileira — está cheia de exemplos de famílias tradicionais que acumularam, em passado não muito remoto, um patrimônio significativo que terminou muito rapidamente, deixando um rastro de mágoas e litígios sem fim.

Mas as questões relativas à preservação patrimonial não se resolvem de maneira tão simples assim.

Ao lidar com este tema, é necessário levar em conta duas variáveis importantes que não podem ser dissociadas.

Refiro-me ao equilíbrio que sempre deverá ser preservado entre as necessidades de capitalização dos negócios e as demandas por liquidez dos membros da família.

Não podemos esquecer que ambas são crescentes. E os lucros não crescem nesta mesma proporção.

Manter uma empresa competitiva no mercado requer, além de boa capacidade de gestão, uma razoável disponibilidade de recursos para sua atualização tecnológica, tanto dos recursos humanos como de instalações, equipamentos e exigências do mercado. Portanto, os acionistas não podem se iludir imaginando que a totalidade de seu lucro – e mesmo assim considerando que a empresa se mantenha lucrativa – poderá ser distribuída aos sócios e seus dependentes.

E todos sabemos que existe uma tendência natural, num mercado de altíssima competição, de que as margens de rentabilidade deverão tornar-se, a cada dia, menores.

Mas ao mesmo tempo em que estas questões, determinadas pelo mercado, estarão pressionando a empresa, do lado da família haverá também um crescimento das pressões por um aumento de liquidez. E estas já não se resolvem apenas com um patriarca/fundador liberando mesadas ou "salvando" filhos das suas aventuras financeiras.

Não podemos esquecer que, do lado da família, já não estaremos falando de apenas uma família, mas do que se convencionou chamar de família nuclear, ou seja, do seu crescimento quantitativo, que virá, inevitavelmente, acompanhado por um crescimento qualitativo das demandas. Não podemos esquecer que o grau de sacrifício e austeridade, característicos da primeira geração, nem sempre é mantido pela segunda e pelas demais. Até porque boa parte do discurso que muitos fundadores desenvolvem é que desejam "poupar" seus filhos dos sacrifícios pelos quais passaram. E desta forma lhes oferecem uma série de facilidades materiais, de acesso à educação ou a um mundo mais elitizado. Procedimento este muito natural, mas que só vai fazer aumentar a demanda por recursos para manter o padrão de vida alcançado.

Inevitavelmente, os custos com a manutenção de melhores casas, conforto, viagens, educação dos filhos, símbolos exteriores de status, casamentos, filhos, separações, segurança e tantos outros incidentes ou episódios típicos de uma família só fazem aumentar as necessidades de recursos financeiros.

Se considerarmos que a cada nova geração o patrimônio se pulveriza em participações individuais menores, e eventualmente surgem lutas pelo poder, o que fragiliza o surgimento ou a legitimidade de uma liderança, este risco mencionado se potencializa.

A esta altura da carta você deve estar perplexo, fazendo-se alguma pergunta do tipo:

Diante do inevitável que esta lógica indica, existe alguma solução para perpetuar o patrimônio?

E minha resposta é bastante categórica. Sim, existe.

Mas ela passa por soluções que envolvem questões coletivas e individuais. Ou seja, vai requerer um conjunto de ações amplamente discutidas por todos, mas que, acima de tudo, sejam geradoras de compromissos autênticos.

Uma primeira ação importante é que todos tomem consciência de que se torna indispensável que as famílias e seus componentes reduzam o grau de dependência financeira do patrimônio herdado. Repetindo uma frase anteriormente citada: os lucros não crescem na proporção das demandas.

E a partir daí se desenvolvem algumas ações de cunho coletivo e individual.

Coletivamente, será importante que cada núcleo familiar, descendente do fundador, busque formas alternativas de liquidez. Ou seja, crie empreendimentos ou formas de investir que gerem uma gradativa redução da sua dependência financeira de uma "teta única", a empresa. É evidente que aí tem início um desafio, pois isto não poderá ser feito à custa da descapitalização da empresa.

O segundo movimento, tão importante quanto o coletivo, é o que cada herdeiro, de forma individual, deve fazer, no sentido de buscar sua realização pessoal e profissional, sem considerar a empresa da família como sua única alternativa.

Idealmente, estes dois movimentos devem ocorrer de forma simultânea.

Mas cabe aqui uma última e importante observação. Todas estas ações serão muito facilitadas se a educação dos herdeiros foi para a vida. E não para agradar os pais. Explico-me: Um erro muito comum que os pais — refiro-me ao casal — cometem é querer educar seus filhos dentro de uma perspectiva em que seu caminho já está preestabelecido: dar continuidade aos negócios.

E desta forma destroem sonhos pessoais, com possíveis frustrações futuras, além de não prepararem seus filhos para a vida. Limitam-se a adestrar os filhos para as suas vontades.

Fica aqui um alerta, meu estimado herdeiro: não se iluda com a tranquilidade do patrimônio herdado. Ele pode esconder armadilhas.

Afetuosamente...

"Comprando" a empresa do seu pai

Estimado herdeiro,

Você alguma vez já imaginou esta possibilidade? "Comprar" de seus pais a empresa que eles criaram? Ou seja, dar ao processo de herança e sucessão um caráter de conquista pessoal sua, na medida em que esta operação de compra possa representar uma forma de você aderir a um sonho que foi deles? E, ao mesmo tempo, faz você sentir-se com o compromisso de remunerar, mesmo que simbolicamente, aquilo que foi produto do trabalho e da capacidade deles. E mais ainda, que esta atitude possa representar, na dimensão material, seu esforço e reconhecimento ao que eles construíram?

Ao longo das minhas "andanças" em contato com famílias empresárias, deparei-me com alguns casos em que a decisão do pai foi "vender" a empresa aos filhos. E digo, literalmente, vender no sentido monetário.

Ou seja, os filhos assumiram o negócio com um compromisso formal de destinar uma parte do lucro obtido para o pagamento ao pai, como retribuição à transferência do patrimônio.

E o efeito observado nestes exemplos foi que os filhos se sentiram muito mais do que merecedores da herança. Tornaram-na uma conquista da sua geração, com todos os sentimentos e méritos que pudesse representar.

A ideia não é original ou nova. Em 1991, o consultor inglês James W. Lea escreveu um livro intitulado *Keeping It in the Family — Sucessful sucession of the family business*, em que formula indicações sobre a forma que o fundador pode utilizar para "vender" sua empresa à família. Segundo ele, "quando o empresário começa a elaborar uma estratégia para 'vender' a empresa à família, dá início a um passo importante na continuidade do seu negócio".

O que desejo fazer nesta carta é ampliar esta ideia, no sentido de que a iniciativa possa ser do herdeiro. Ou seja, parte dele a ideia de que seu pai lhe "venda" a empresa e ele assuma um papel de cliente, com todos os questionamentos próprios de uma situação desta natureza.

Para tanto, vamos aproveitar as ideias de Lea, mas olhando a possibilidade de esta operação ocorrer tanto na perspectiva de um empresário como também na dos seus herdeiros.

Os passos propostos estão divididos em cinco etapas extraídas do marketing convencional. São elas:

1. Criar, junto à família, uma imagem positiva e favorável à empresa.
2. Definir os pontos atraentes do "produto".
3. Avaliar as vantagens e os riscos.
4. Estabelecer um preço competitivo, e justo, que provoque interesse.

5. Selecionar alternativas para a preservação e a continuidade, com sucesso do "produto".

Vamos agora detalhar um pouco cada uma destas etapas.

Etapa 1   Os futuros sucessores (entendidos aqui como os herdeiros que vão optar pela gestão da empresa) podem não se sentir motivados a comprometer toda sua vida profissional com algo que conhecem muito pouco ou praticamente nada. Ou até pelo fato de terem uma imagem negativa da empresa, que representou um pai ausente de casa e das suas vidas. E conhecer a empresa pode começar pelo reconhecimento da sua localização física, instalações e ambientes. Amplia-se com um melhor domínio das suas atividades, recursos humanos, clientes, fornecedores, produtos ou serviços, história, perspectivas dos negócios e do mercado, concorrentes, princípios que conduziram ao sucesso, valores e imagem no mercado.

Etapa 2   O simples conhecimento não assegura uma relação positiva. Torna-se importante descobrir os atrativos do produto (a empresa) para os consumidores (a família). Entre estes, vale destacar o fato de poder administrar algo que é seu. Maiores possibilidades de progresso hierárquico, assumir riscos e colher os frutos dos resultados. Ocupar uma posição de poder, comprometer os sócios para um processo de decisões mais rápidas e associar o prestígio e imagem do negócio ao nome da família. Além de uma conquista pessoal e profissional para o sucessor envolvido na operação.

Etapa 3 Uma das vantagens que pode ser interessante é o fato de que o ingresso na empresa, muitas vezes, não é tão difícil. Mas permanecer na posição é um desafio permanente. Exige clara compreensão das suas capacidades e estar em condições de enfrentar um processo de avaliação permanente, que foge ao convencional, pois não envolve apenas competência. Exige ser avaliado pelos familiares, público interno e externo. Superar os títulos — ou estigma — de "filho do dono" ou "genro do dono" que poderão permanecer por longo tempo ou nunca ser superados. Os desafios mais intensos terão caráter emocional, envolvendo os papéis de irmão, filho, cunhado, tio etc.

Etapa 4 Avaliar o verdadeiro "preço" a ser pago para justificar o investimento pressupõe responder às seguintes questões:

- Qual o preço que os membros da família estão dispostos a pagar para tomar conta de um negócio que não vai ser apenas seu?
- Que preço o fundador se dispõe a pagar para que os seus descendentes ingressem, de maneira saudável, nos negócios da família?

Para os que optarem por assumir um papel de gestor do negócio, deve ficar claro que estarão descartando outras opções profissionais, vinculando sua carreira e fases da vida ao negócio da família e à própria família e também adaptando suas expectativas às dos demais herdeiros, que se tornarão seus sócios e acionistas.

Etapa 5 É importante não prometer, ou imaginar, apenas facilidades. A relação com o negócio deve iniciar de forma consistente e gradual. Deve haver coragem e desprendimento suficientes para permitir aos familiares outras opções, caso a gestão do negócio da família se torne um fardo difícil ou impossível. Os negócios podem ser perpetuados, mesmo em mãos que não sejam mais as dos familiares. Mas é sempre bom ter opções e alternativas realistas.

Enfim, nesta carta, o que apresentamos como reflexão é uma tentativa de dar um caráter mais estruturado e racional a um processo que, normalmente, está cheio de emoções. E elas não desaparecem com este encaminhamento. Apenas podem tornar-se mais claras.

Eis mais um assunto para você debater com a família no próximo encontro.

Afetuosamente...

Quem "lucra" com os conflitos

Estimado herdeiro,

A imagem que, de forma geral, se faz da empresa familiar é que a sua continuidade é dificultada pelos conflitos internos entre herdeiros. E esta visão tem sido cada vez mais forte, a ponto de reforçar o preconceito que existe em relação aos negócios de origem familiar.

É evidente que não podemos negar o potencial de conflitos que o relacionamento familiar contém em si mesmo, resultado de algumas variáveis inerentes ao sistema "família".

Em primeiro lugar, falamos de um grupo em que não há liberdade de escolha. Você não escolheu seus pais, irmãos, cunhados, cunhadas e primos. Como eles também não o escolheram. E amigo, cônjuge e outros relacionamentos você tem a liberdade de escolha, razão pela qual é possível "encerrar" um relacionamento.

Outro ponto nem sempre trabalhado é a falsa ideia de que, por sermos "do mesmo sangue", não teremos conflitos. Ou até mesmo desenvolver dentro da família uma cultura hipócrita do tipo "faz de conta" que está tudo bem. Ou seja, não se falam ou tratam dos conflitos.

E uma terceira variável considera que um modelo de comportamento e submissão ao coletivo deve se sobrepor ao respeito e à consideração às individualidades.

O fortalecimento de uma família, no sentido mais saudável que as relações possam alcançar, pressupõe compreender e tratar dos conflitos. Não se deve omiti-los ou fazer de conta que não existem.

Um outro aspecto fundamental é que, para a construção de um coletivo forte, tornam-se necessárias individualidades bem resolvidas, no sentido de cada um estar de bem com a vida. E no sentido mais amplo que isto possa significar.

Quem sabe uma forma inteligente e prática de resolver os conflitos que surgem nas famílias, e especialmente nas empresas familiares, é formular-se a seguinte pergunta:

Quem vai lucrar com os nossos conflitos?

Para responder a esta questão, podemos recorrer a textos bem antigos. Não precisamos de conceitos modernos ou complexos. Estas questões já eram tratadas em culturas milenares.

Para tanto, transcrevo duas pequenas fábulas que se mantêm muito atuais. A primeira é da autoria de Esopo e tem o título "O leão e o javali".

"No verão, quando o calor provoca a sede, a uma pequena fonte vieram beber um leão e um javali. Eles, então, começaram a discutir para ver quem beberia primeiro e a discussão impeliu-os a um duelo mortal. De repente, ao se voltarem para retomar o fôlego, viram abutres aguardando que um deles tombasse, para devorá-lo. Por isso, puseram fim ao desentendimento, dizendo: — É melhor nos tornarmos amigos do que banquete de abutres e corvos."

Moral da fábula: "É belo desfazer as querelas perversas e as rivalidades, pois elas resultam em danos para todo mundo."

Ou ainda esta versão posterior de La Fontaine, sob o título "A novilha, a cabra e a ovelha de sociedade com o leão".

A Novilha, a Cabra e a irmã delas, a Ovelha,
Com um altivo Leão, Senhor das imediações,
Fizeram outrora sociedade, dizem,
E colocaram em comum os ganhos e as perdas.
Nos laços da Cabra um Cervo viu-se aprisionado.
Imediatamente ela chamou os seus associados.
Quando chegaram, o Leão contou suas garras
E disse, somos quatro a partilhar a presa.
Em seguida, em tantas partes dividiu o Cervo.
Tomou para si a primeira, na qualidade de Senhor:
Ela deve ser minha, disse ele; e o motivo
É que me chamo Leão:
A isto nada há a dizer.
A segunda, por direito, deve caber-me ainda:
Esse direito, vocês conhecem, é o direito do mais forte.
Como o mais valente, pretendo a terceira.
Se alguma de vocês tocar na quarta,
Antes de tudo, eu a estrangularei.

É evidente que estas fábulas, além de atuais, falam por si mesmas.

Ficam como um registro para que você compartilhe com os familiares, quando os conflitos se mostrarem intensos ou aparentemente insolúveis.

Cordialmente...

A empresa multifamiliar

Prezado herdeiro,

Quero abordar nesta carta um tema pouco observado e menos ainda compreendido. Refiro-me à empresa multifamiliar.

Todos já ouvimos falar extensivamente daquela empresa que pode ser classificada como unifamiliar. Ou seja, a empresa que possui apenas um fundador e que terá, entre os seus herdeiros legítimos, apenas seus descendentes diretos, sempre considerando que o fundador não inclua na sociedade, enquanto vivo, outros sócios de sua livre escolha.

A empresa multifamiliar é aquela que se inicia com dois ou mais sócios que não possuem, entre si, qualquer tipo de vínculo familiar. Amigos, colegas de trabalho, companheiros de escola, empreendedores que não desejam iniciar um empreendimento solitário fazem parte desta categoria de pessoas que podem dar início a uma empresa que podemos chamar de multifamiliar. Ou seja, estruturam uma sociedade cujas principais características podem ser a complementaridade profissional e de habilidades, a confiança mútua, uma crença comum em uma ideia ou negócio, um desejo de empreender de forma conjunta... Enfim, várias podem ser as razões que originam uma empresa multifamiliar.

De forma geral, ela pode ser chamada de "sociedade do trabalho", uma vez que as pessoas envolvidas contribuem concretamente para a estrutura da empresa com algum capital, E para o herdeiro de sociedades multifamiliares torna-se importante fazer esta distinção.

Entre os seus futuros sócios-herdeiros, não existe um vínculo de irmãos ou primos, mas apenas uma história comum construída por seus pais.

E este vínculo da primeira geração não será, automaticamente, transferido para as próximas gerações. Ele pertence, exclusivamente, aos fundadores.

Sob alguns aspectos, podemos afirmar que existe uma complexidade maior, ou características muito diferentes, daquelas observadas na típica sociedade unifamiliar.

As histórias e os valores de cada família não podem ser desconsiderados, uma vez que cada família constrói sua própria cultura e seus valores. Por outro lado, pesam também as diferentes formas como cada família encara os demais sócios, suas famílias, a empresa e o "preço" que tiveram de pagar na relação com a tripla figura do pai, sócio e empresário.

Vejamos, especialmente para você, herdeiro, alguns pontos que merecem destaque no encaminhamento do processo de transição geracional e sucessório.

Criar uma história comum Quando uma empresa é constituída por vários sócios, existe uma grande probabilidade de que sua história tenha inúmeras versões. Cada agrupamento familiar tem percepções diferentes sobre o papel que seu pai e os demais sócios representam na construção do empreendimento.

Portanto, é fundamental que, ainda com a presença dos fundadores, se busque estabelecer, entre as diferentes famílias, uma história que seja aceita por todos. Com isto, evitam-se, no futuro, as várias versões e seus consequentes conflitos sobre a "paternidade" da empresa.

Construir um sistema de valores comum Qualquer sistema de valores — crenças, ética, condutas — deve contemplar os três sistemas que interagem. As famílias devem estabelecer, de comum acordo, alguns princípios compartilhados. Da mesma forma, a sociedade necessita dar corpo às suas crenças, na medida em que terão um vínculo pelo capital, mas com fortes componentes de ordem emocional que terão impacto sobre as decisões societárias.

Finalmente, também a empresa necessita que suas relações com os acionistas e o mercado sejam pautadas por um conjunto de valores aceitos por todos que dela façam ou venham a fazer parte.

Preparo e cultura societária Cada nova geração — mesmo as que não trabalham na empresa — necessita desenvolver um modelo e um acordo societários. Mas, para tanto, é indispensável que se crie um processo de preparo dos herdeiros para ocupar o papel de acionistas. Estes conteúdos são muito específicos, não sendo atendidos pelos programas de educação formal, já que esses estão dirigidos, especificamente, à formação do papel de gestor. Especialmente nos casos das multifamiliares, devemos dar grande importância ao preparo dos acionistas e ao desenvolvimento de uma estrutura de governança adequada. Afinal, pode surgir um Conselho de Família para cada uma delas, além de um comum a todas.

Conhecimento da empresa A visão que muitos herdeiros possuem do negócio lhes foi transmitida pelo pai, contaminado pelo "chapéu" de empresário. Esta é insuficiente e deve ser complementada de forma mais didática e ampla. Para conhecer a empresa, será também útil um bom domínio do universo e do mercado corporativo. Tudo isto sempre de forma compartilhada com as demais famílias.

Liderança e processo decisório Este é um ponto delicado, já que liderança não é algo genético e nem ao menos transferível. A liderança da primeira geração não assegura que a mesma família poderá mantê-la na próxima. A sucessão não é algo que se encaminha apenas em função do controle acionário ou de suas proporcionalidades. Exige preparo e muito esforço — além de compreensão — tanto da primeira como da segunda geração.

A sucessão também não pode ser adiada para quando falte algum dos sócios-fundadores, o que a torna muito mais difícil.

Enfim, muitos outros pontos podem ser levados em consideração no tratamento das sociedades multifamiliares. É vital que cada herdeiro tenha um projeto de vida e uma carreira muito bem resolvida.

Conciliar o individual e o coletivo na sociedade multifamiliar é condição essencial para perpetuar tanto as famílias, como a sociedade e a empresa.

Fica aqui o convite, caso você se enquadre na categoria de herdeiro de uma empresa multifamiliar, para que considere estes pontos, de comum acordo com a geração anterior e a sua.

E bom trabalho, pois desafios não faltam.

Afetuosamente...

40 gerações – a empresa familiar mais antiga do mundo

Estimado herdeiro,

Uma das curiosidades que muitas pessoas ligadas ao mundo das empresas familiares têm é sobre como assegurar a continuidade da família no controle da empresa, especialmente depois da terceira geração.

Para você, herdeiro, este é um tema de forte interesse, especialmente no sentido de conhecer experiências bem-sucedidas. Aprender com elas é uma das formas para um herdeiro ter sucesso, tanto em sua vida pessoal como na profissional. E especialmente no universo da família empresária.

Ao ler o título desta carta, você pode ter ficado com sérias dúvidas. Afinal, quarenta gerações representam quatorze séculos. Mas é isto mesmo. A empresa familiar mais antiga do mundo já atingiu quarenta gerações. Fica no Japão, na cidade de Osaka, e pertence à família Kongo.

Ela foi fundada no ano de 578, quando a Europa estava ainda mergulhada na era das trevas, segundo historiadores, quase um século depois da queda do Império Romano. E o Japão só se abriria para o Ocidente mil anos depois.

A Kongo Gumi, como é conhecida a empresa, se dedica à construção de templos budistas, e segundo seu atual presidente, Masakazu Kongo, a razão do sucesso da família e da empresa é que eles se mantiveram firmes e focados na sua vocação e especialidade de origem.

Toda a história da família começa no século VIII, quando o primeiro membro da família Kongo chegou ao Japão, vindo do que hoje se conhece como a Coreia do Sul, e permaneceu no país a pedido do imperador Yomei.

As habilidades dos Kongo foram consideradas vitais para o Japão, que, na época, estava importando tecnologia da China e da Coreia.

Para o principal executivo, eles conseguem manter a tradição incorporando técnicas modernas de administração. Seguindo os conselhos dos "gurus" da administração moderna, segundo ele, não existe mistério algum no sucesso da empresa, apenas o enfoque consistente no seu negócio principal.

Exatamente como era no ano de 578, a firma continua especializada na construção de templos budistas tradicionais e santuários xintoístas, embora tenha se diversificado um pouco como empreiteira de obras gerais. Temos sempre — diz Masakazu — de viver como "miyadaiku", usando a palavra japonesa que significa, literalmente, "carpinteiro do santuário".

Um dos lemas da família é unir toda a tecnologia mais avançada a uma longa experiência e desafio para manter a beleza e a arquitetura tradicional japonesa.

Depois de as construções terem sido destruídas pelo fogo incontáveis vezes durante lutas feudais e, mais recentemente, por um bombardeio americano durante a Segunda Guerra Mundial, agora a maioria das edificações de Shitennoji é feita de concreto.

Para esta família, o mais importante é a autoconfiança. "Todo mundo pode estar se queixando da recessão, de como os tempos estão difíceis, mas você não deve se deixar esmagar por essa melancolia toda. Acredite no seu negócio e atenha-se a ele", ensinam os Kongo.

É muito provável que a façanha desta família seja incluída no livro dos recordes.

Para você, que está ainda na segunda ou na terceira geração, esta experiência é digna de ser olhada com interesse.

Esta é uma sociedade familiar que foi muito além do chamado "consórcio de primos".

Compartilhe com os demais membros da família esta história e tire dela alguns ensinamentos.

Afetuosamente...

6 | FAMÍLIA EMPRESÁRIA

Temos utilizado ao longo deste livro a expressão "família empresária". Você também encontrará uma carta, mais à frente, aprofundando este termo. Ser uma família empresária requer uma combinação de comportamentos e habilidades.

Este último bloco de cartas irá explorar as variáveis de ser uma família empresária ao longo de gerações, desenvolvendo as visões de cada um dos públicos que compõem este desafio coletivo.

Cada família poderá encontrar sua combinação para esta continuidade. Como inspiração e reflexão, utilizaremos o exemplo da Sadia, empresa controlada pela família descendente do Sr. Attilio Fontana e hoje liderada por três gerações adultas desenvolvendo-se no papel de familiares, sócios e alguns como executivos. Para eles, o desafio de ser e manter-se como uma família empresária engloba quatro aspectos relevantes:

☐ Visão comum: Alimentar e disseminar o orgulho de pertencer à família e ao negócio.
☐ Criar riqueza: Gerar bons dividendos e valorização do patrimônio.
☐ Valorizar o coletivo: Colocar o negócio acima dos interesses pessoais.
☐ Empreender: Gerar empreendedores e abrir novas frentes a cada geração.

O processo de estruturação da geração controladora da Sadia visa garantir e praticar, cotidianamente, estes valores. E neste sentido ele tem-se mostrado um modelo consistente, que obtém resultados e conserva os pontos positivos de ser uma família.

Para a quarta geração, hoje contando com 45 familiares adultos, os desafios estão focados em construir seu caminho e buscar um modelo que preserve estes princípios. Houve a estruturação de um grupo de líderes da quarta geração que tem trabalhado na formação de sua geração preservando as seguintes bases:

☐ Preparar a família para assumir o papel de eleger seus líderes na sociedade e na gestão.
☐ Fortalecer o vínculo societário, preservando os laços familiares e a competitividade dos negócios.
☐ Criar o espírito e as bases de educação para o futuro de uma *família empresária*, que vai além de ser uma empresa familiar.

Este bloco de cartas é também dedicado às pessoas envolvidas neste processo. Nascer numa família empresária será tarefa para toda a vida. Vai requerer a busca de uma identidade própria dentro de uma estrutura coletiva muito forte e de comprovado sucesso. Esta trajetória é realizada por pessoas compromissadas e envolve seus desejos, aspirações e sentimentos. Às vezes, a lógica exigida pelo mundo dos negócios pode significar um rompimento de relações e expectativas que exigem clareza de papéis por parte do herdeiro e uma forte dedicação para equacionar soluções que considerem diferenças pessoais e profissionais.

Empresas familiares e sociedades empresariais continuam sendo a espinha dorsal da economia brasileira e de diversas economias mundiais. Algumas das maiores e mais bem-sucedidas corporações nacionais possuem controle do capital e também gestores que pertencem às famílias, tais como Algar, Banco Rural, Coimex, DPaschoal, Eliane, Grupo Ultra, Gerdau, Klabin, Natura, Nutrimental, Randon, Schincariol, Séculus, Tam, Votorantim, Weg, Wickbold, Sabó, Yázigi, Pão de Açúcar, Itaú e os casos já citados ao longo deste livro. Estes exemplos se repetem nas médias empresas. No cenário internacional, também existem exemplos que contestam o ditado "pai rico, filho nobre, neto pobre", tais como SC Johnson, BMW, Barilla, LVMH, Grant's Whisky, Hermés, Lego, Heineken, Ford, L'Oréal, C&A, New York Times, Benetton e Nokia, que têm mostrado sua capacidade de realizar as transições geracionais mantendo empresas competitivas.

Para o herdeiro que pretenda comprometer-se com a longevidade, é fundamental planejar, junto a seus familiares, as formas de atravessar com equilíbrio e dinamismo as mudanças de gerações.

Uma família empresária

Estimado herdeiro,

É muito provável que ao ler o título desta carta você desenvolva um sentimento estranho e, quem sabe, até possa imaginar que esta afirmativa contenha um grave erro.

Mas não se espante. Tornar-se uma família empresária pode ser um grande desafio não atingido. Especialmente pela falta de compreensão sobre o que isto significa.

As empresas familiares podem ter muito sucesso, como demonstram as estatísticas e os nomes que permanecem no mercado. Mas nem toda família torna-se, necessariamente, uma família empresária.

E nisto consiste um dos maiores desafios para o qual muitos fundadores, patriarcas, mães e herdeiros não prestam a devida atenção.

E para você, meu caro herdeiro, este alerta pode ser da maior importância para ser debatido e analisado com sua família.

Mas vamos explicar com maior clareza quais são as razões que podem impedir que uma família se torne uma família empresária. E, mais grave ainda, esta postura termina comprometendo todo o futuro do patrimônio.

Uma das características típicas dos fundadores é que, de forma geral, são pessoas com fortes características empreendedoras e intuitivas. E em boa parte dos casos também são figuras muito autoritárias. Ao mesmo tempo em que se dedicam com toda energia e disposição ao trabalho, vão, gradativamente, tornando-se pais ausentes. Entendem que sua responsabilidade maior é prover a família e a casa de todo o conforto material possível, muitas vezes utilizando um "discurso" de que desejam evitar que seus filhos passem pelas dificuldades pelas quais ele passou.

Neste panorama, é muito comum que a figura materna surja apenas como uma apoiadora das iniciativas do marido, sem muita oportunidade, ou iniciativa, para compreender o processo de transformação pelo qual passam tanto o empresário como os seus negócios.

Em boa parte dos exemplos que conhecemos, ocorre uma gradativa alienação da figura feminina a tudo que tenha a ver com os papéis que seu marido começa a desempenhar. Mas o mais grave ainda é que esta mesma figura materna, excluída e alienada, recebe a incumbência de educar os filhos.

Assim, dependendo muito do grau de iniciativa desta mãe, a probabilidade é que a família sofra um gradativo processo de mediocrização no que se refere ao relacionamento dos filhos, tanto com a figura do pai como também com a imagem de empresário.

Eventualmente, em algumas famílias de conduta muito machista, os filhos homens podem ser poupados desta situação. Mas, neste caso, os problemas futuros poderão ser de outra natureza e ordem.

É sempre bom lembrar que as mulheres estão realizando conquistas fantásticas em todas as áreas da sociedade, especialmente no âmbito familiar. E, lamentavelmente, mesmo com todos estes avanços e mudanças do comportamento e da cultura familiar, é possível verificar, na avaliação de um número muito significativo das histórias dos empresários brasileiros, que muitos deles obtiveram um sucesso individual considerável, tornaram-se figuras públicas de reconhecida competência e admiração, mas não conseguiram este mesmo resultado na vida pessoal, tanto como pais, na "construção" de uma família empresária, como também nos relacionamentos afetivos.

Pode ser que, num primeiro momento, esta descrição de um fator pouco analisado, e menos ainda trabalhado, no encaminhamento do processo de continuidade de uma empresa familiar possa lhe parecer de menor importância. Mas não é o que a realidade nos tem mostrado.

A história empresarial brasileira — que não é muito diferente da europeia ou norte-americana — está repleta de figuras de grande destaque individual. Mas que, na intimidade das suas estruturas familiares, não obtiveram o mesmo reconhecimento.

E este despreparo dos herdeiros gerou disputas, ressentimentos, medos e total ausência de realizações pessoais.

O fracasso em preparar a família para compreender, avaliar, admirar, preparar-se e também envolver-se com as realizações do fundador inviabilizou a continuidade de sua obra.

É evidente que, para muitas figuras de destaque do mundo empresarial, torna-se um desafio quase impossível compatibilizar uma imagem de sucesso público com as suas exigências da vida privada.

É nesse ponto que destacamos o papel da figura materna. Recai sobre ela uma boa dose desta responsabilidade. E ela só poderá cumprir esta missão se estiver preparada e se envolver em todo o processo de criar uma família empresária.

Compete, portanto, ao casal criar um processo educacional não vinculado exclusivamente à educação formal. Para uma família empresária, não basta educar filhos para o mundo ou que tenham apenas bons modos.

Tornar-se uma família empresária significa assumir um legado que envolve amplos compromissos com a comunidade, colaboradores, clientes, fornecedores, acionistas e tantos outros segmentos da sociedade que tenham algum envolvimento com os negócios da família.

Possivelmente, a esta altura de nossa conversa, você já possa imaginar que este assunto mereça um tratamento especial e deva ser discutido pela família num próximo encontro.

Eu diria que, com certeza, ele deve ser incluído na "agenda" de temas prioritários.

Receba, antecipadamente, meus cumprimentos pelo seu empenho em tratar do assunto.

Afetuosamente...

O filho único

Prezado herdeiro,

Sempre que se toca no tema do relacionamento entre herdeiros, existe uma tendência em imaginar que toda família empresária, onde exista um único herdeiro, tem o encaminhamento facilitado. Ou seja, não devem ocorrer dificuldades.

Existe até uma afirmativa, atribuída a Enzzo Ferrari, fundador da famosa marca de carros Ferrari, de que "sociedade perfeita é aquela constituída por número ímpar... inferior a dois".

E aí está mais um dos tantos "tabus" no tratamento do tema da empresa familiar.

O fato de existir apenas um herdeiro não elimina a possibilidade de que apareçam dificuldades ou conflitos. Pelo menos esta tem sido também uma das experiências que já tivemos oportunidade de vivenciar.

Como, de forma geral, as análises dos conflitos estão muito concentradas nas relações entre irmãos ou primos, o relacionamento entre pai, mãe e filho único não merece muita atenção. Mas façamos algumas reflexões e análises com base em fatos reais.

Como já dissemos na carta que trata do desafio de ser filho de um pai brilhante – e aí examinamos esta relação dentro de um conjunto de irmãos, figuras masculinas e femininas – vamos agora examiná-la na perspectiva do filho único.

É possível que você, com sua sensibilidade e experiência de herdeiro, possa imaginar o que significa ser "filho único" de um pai que conseguiu sucessos e reconhecimento pelos seus próprios méritos. Dá para imaginar quanta expectativa, cobrança, facilidades, aspirações, receios e sonhos deverão ser depositados sobre os ombros e o futuro de um filho único?

Entre os casos que acompanhei, gostaria de destacar algumas situações que me chamaram muita atenção.

Certa vez, ouvindo o depoimento de uma herdeira, que falava sobre o assunto de forma muito franca e hábil, percebia-se o quanto ela conflitava com a figura do pai porque a empresa se tornara o "irmão" mais velho que não existia.

Este "irmão" competia com ela em todas as manifestações que ela considerava como legitimamente suas. Roubava-lhe tempo, afeto, interesse, satisfação, expectativas, reconhecimento e cuidados do pai ausente.

Era interessante observar, depois de muitos anos de trabalho com analistas e terapeutas, como esta herdeira conseguia falar sobre o tema, com inteligência e competente leitura da situação, mas ao mesmo tempo preservando toda a emoção que um quadro como este provoca.

Dizia ela o quanto foi difícil, e de fato impossível, trabalhar com o pai. E as tentativas foram várias. Até que ela resolveu romper e buscar sua própria realização bem distante dele e num espaço onde pudesse ser reconhecida.

Mas na medida em que o pai foi envelhecendo e ela mostrando seu valor através do reconhecimento dos demais, a reaproximação aconteceu.

E somente aí é que o processo de sucessão teve, efetivamente, seu início: o pai, com sérios problemas de saúde, e a filha, com uma compreensão muito clara sobre a forma como deveria relacionar-se com o pai e com a empresa. Isto melhorou especialmente depois que ela superou a dificuldade de ver a empresa como sua "competidora" no campo afetivo e no da realização pessoal.

Uma outra situação foi bem mais dramática. Herdeiro e pai nunca puderam ter um entendimento saudável ao longo da vida do fundador. Homem de muitas realizações e amplo reconhecimento público, construiu um patrimônio significativo ao longo de sua vida. E como é natural, tinha sua maneira muito própria de fazer negócios e relacionar-se neste universo. Quando ele faleceu, o herdeiro assumiu o controle dos negócios.

Mas, estimulado por uma relação muito acidentada com a figura paterna, iniciou um processo completamente diferente do utilizado pelo empreendedor.

E o fazia, claramente, para tentar fazer com que o seu estilo prevalecesse, na tentativa de mostrar que tudo tinha mudado. Muitos dos seus atos eram contaminados pela falta de reconhecimento que dizia ter tido da figura do seu pai.

Neste processo, que se mostrou um fracasso, percebe-se que o herdeiro competiu com a figura do seu pai... já morto.

Neste quadro doloroso de nada serve buscar culpados.

Mas que pode muito claramente demonstrar que o processo de transferência de poder e sucessão reveste-se de um alto grau de complexidade e delicadeza. E mais ainda, não existem receitas mágicas assim como "cada caso é um caso", ou seja, não se copiam soluções.

Ficam aqui estes registros nesta carta que procura desfazer uma falsa ideia que existe no tratamento da empresa familiar. Famílias com filho único também podem apresentar dificuldades no relacionamento. Isto não é privilégio das famílias numerosas.

Afetuosamente...

As herdeiras

Prezado herdeiro,

Eis aqui mais um tema delicado e vital no processo de encaminhamento do futuro da empresa familiar. Muito especialmente quando visto na perspectiva da possibilidade de tornar-se uma família empresária, tema tratado em outra carta.

Sobre este assunto, publiquei um livro anterior, contendo depoimentos de herdeiras que se desatacaram em processos muito particulares. Entre outros, nele estão os depoimentos de Ana Maria Diniz (Pão de Açúcar), Geny Serber (Móveis Escriba), Regina Yazbeck (Movicarga).

Considerando que a maioria das nossas empresas tem no seu fundador uma figura masculina, e muitas vezes por uma distorção patriarcal — ou machista mesmo —, elas tendem, de forma geral, a excluir as mulheres — esposa e filhas — de qualquer participação do processo sucessório. E aqui não estou falando exclusivamente da possibilidade de trabalharem na empresa. Refiro-me a uma mínima possibilidade de as mulheres participarem das análises e dos debates sobre o processo sucessório e suas implicações.

Curiosamente, este fenômeno não tem abatido o ânimo de muitas herdeiras, em boa parte por saberem de antemão que nem ao menos serão cogitadas para qualquer participação ativa no tema, e também porque tem havido uma evolução significativa na consciência e na participação feminina na sociedade, elas têm ido à luta de outras formas.

Quem sabe podemos até supor que, por estarem livres das expectativas dos pais sobre o seu encaminhamento futuro, ou ainda da "sombra" de uma figura forte que muitas vezes dificulta a vida dos filhos homens nas suas opções, as mulheres têm buscado sua realização por outras vias que não seja a empresa da família.

Em nossa experiência, temos observado que, para os herdeiros/homens, de forma geral, o desenvolvimento do espírito empreendedor fica muito "castrado" pelo conforto financeiro de nascer em uma família de posses, além do fato de que lhe é prometida uma "cenoura" perigosa, que é a certeza de um emprego na empresa da família. Este cenário tem produzido, em muitas situações, um conforto perigoso e tem inibido qualquer iniciativa própria ou espírito empreendedor.

No entanto, com as herdeiras/mulheres, o fato de se sentirem mais soltas das amarras de uma expectativa em relação ao seu papel no processo sucessório tem-lhes permitido sonhar em busca de sua realização pessoal. E como seus parâmetros de sucesso não estão fixados pela empresa da família, sentem-se livres para começar algo, mesmo que numa escala menor.

Uma outra característica que temos encontrado no universo feminino é a disposição para aprender. Muitos homens consideram que o seu conhecimento é suficiente, e que não necessitam ampliá-lo. Uma eventual formação básica ou superior, acompanhada de alguma experiência profissional, já lhes dá uma certa segurança, quando não até alguma arrogância.

Enquanto isto, as mulheres vão em busca de conhecimento, informações e contatos. Têm a humildade de dizer que não sabem e querem aprender.

Um exemplo claro temos na Hoft Consultoria Societária, onde a participação feminina em cursos, palestras e grupos de estudos tem sido, em média, de 60%. São esposas, filhas, viúvas e empreendedoras em busca de informações e conhecimento para entender o que lhes espera na qualidade de herdeiras.

Na atividade de consultoria com as famílias, temos orientado as mulheres para que não assumam um papel passivo no processo, esperando que irmãos, primos ou maridos assumam a tutela da gestão dos seus bens. É útil e necessário que cada uma das herdeiras assuma as rédeas do seu processo. E para isto elas precisam de conhecimento, que está disponível no mercado.

Não se trata aqui de estimular uma "rebeldia" feminina, mas de acompanhar a evolução da sociedade, e especialmente das conquistas que as mulheres têm obtido nos últimos anos.

É evidente, a cada dia, que o relacionamento homem-mulher está mudando. E quando falamos de empresa familiar, esta sinergia torna-se ainda muito mais vital e útil.

Portanto, esta carta específica trata deste tema, mas vale lembrar que todas as cartas que constituem este livro se dirigem aos herdeiros de ambos os sexos.

Eis mais um assunto digno de boas conversas para os herdeiros.

Cordialmente...

Os "agregados"

Estimado herdeiro,

Eis aqui um tema polêmico, além de um título que muitas vezes provoca constrangimentos e debates acalorados. Ele diz respeito a que tipo de influência, importância e cuidados devem merecer os membros externos que se inserem, gradativamente, no contexto da família. Pelo título genérico de "agregados", referimo-nos a genros, noras ou cunhadas e cunhados que passam a fazer parte da estrutura e dinâmica familiar.

É curioso como, em muitos casos, algumas figuras patriarcais tentam desqualificar a influência e a importância destes componentes familiares. Partem de um pressuposto equivocado, imaginando que a família de origem possa permanecer imutável ao longo do tempo. Ou seja, imaginam que os "novos" membros devem submeter-se à cultura, aos costumes e aos hábitos da "sua" família.

Uma providência muito comum é buscar instrumentos legais de proteção do patrimônio, tais como restrições nos regimes de casamento e cláusulas de preservação do vínculo consanguíneo em processos de transição das próximas gerações.

Outra dificuldade para muitos fundadores é admitir a participação dos cônjuges dos filhos nas conversas e análises do processo sucessório.

O que é bom lembrar é que esta interferência é inevitável, pois mesmo aqueles "agregados" que se dizem isentos ao processo não estarão. Esta aparente omissão é uma forma sutil e perigosa de participação. Pois os "poupa" de um questionamento maior ou de alguma responsabilidade mais assumida. Ao mesmo tempo, permanecem, perifericamente, dando suas opiniões e palpites.

Para demonstrar isto, descrevo aqui uma cena bastante comum em encontros familiares.

A cena é o almoço típico de domingo ou qualquer outro encontro ou cerimônia familiar revestida de algum ritual.

A família inicia uma discussão, informal, sobre algum incidente, tema doméstico ou até ligado ao mundo das empresas.

O genro ou nora, olhando do alto da sua sabedoria e "isenção", afirma em alto e bom tom, especialmente para o patriarca:

— Sogrão! Eu não quero me meter, pois o assunto é da "sua" alçada, mas na minha humilde opinião...

E após esta "sabonetosa" introdução, emite seu parecer sobre o tema em pauta.

É evidente que esta situação mostra, com toda nitidez, que ninguém está isento nesta dinâmica das relações familiares.

Quando faço palestras, costumo brincar afirmando que muitas vezes o patriarca fica bastante feliz com esta situação. E ainda se gaba que seus genros ou noras que têm suas próprias atividades ou negócios não se "metem" nas questões empresariais da família.

Costumo dizer, de forma muito irônica, que "meter, ele não se mete... até porque ele já se meteu...".

Mas agora ele está na cômoda posição de apenas dar "palpites". E estas interferências tendem a ocorrer de forma indireta.

Quando o casal retorna à sua casa, o genro ou nora tece alguns comentários e avaliações sobre o comportamento ocorrido, e esperado, do seu cônjuge. Ou seja, tudo "na melhor das intenções". Ou como dizem alguns mais precavidos:

— Meu bem. Eu quero que você compreenda que o meu interesse nas questões da empresa e do patrimônio não tem nenhum caráter ou interesse pessoal. Tudo isto é do seu pai e um dia será seu. Mas estou defendendo os interesses dos nossos filhos...

Nesta carta, tenho o objetivo de alertá-lo para um ponto bastante delicado, mas que também não pode ser deixado de lado, por mais complexo e difícil que ele seja. A solução, aliás como a maioria dos encaminhamentos neste tema das nossas cartas, passa pelo diálogo.

Imaginar que genros e noras devam ser excluídos do processo é um equívoco que deve ser evitado de qualquer forma. De maneira geral, a exclusão dos "agregados" termina acarretando consequências muito danosas para o processo futuro. Especialmente após o desaparecimento do fundador.

É evidente que nem sempre as primeiras reuniões devem envolver as figuras novas da família. Por precaução, pode-se iniciar por um debate com os descendentes diretos. Mas não é recomendável que eles fiquem fora do encaminhamento durante todo o tempo.

Cada família tem uma cultura e uma dinâmica muito próprias. E estas condições devem ser respeitadas.

Nossa experiência indica, claramente, que os processos de sucessão e encaminhamento profissional ocorrem de maneira mais ágil e consistente nas famílias que tratam das suas diferenças e expectativas com transparência e respeito mútuos.

Portanto, fica aqui mais um tema e sugestão para o trato do processo de perpetuar um patrimônio familiar e das próprias relações dos seus componentes, inclusive daqueles que se inseriram ao longo do crescimento quantitativo e qualitativo da família. Não devemos esquecer que, a cada dia que passa, tem-se uma família em expansão. Com todas as implicações que isto representa.

Boas conversas.

Afetuosamente...

Os velhos de casa

Prezado herdeiro,

A esta altura da leitura das cartas, você já deve estar pensando que os ônus relativos ao papel de herdeiro são bem maiores do que os bônus. O que em parte é uma verdade. Mas o fato é que um número muito pequeno de pessoas tem se dado o trabalho de alertar os herdeiros para este fato.

A imagem que muitos herdeiros têm daquilo que vão herdar — e mais ainda, na opinião da grande maioria das pessoas que desconhecem o mundo da empresa familiar — é que tudo consistirá em facilidades e bem-estar. Isso se alia a uma ideia preconceituosa de que a herança não exigiu, e também não exigirá, nenhum esforço ou competência.

Mas não se iluda. Para manter e agregar valor a um patrimônio herdado, serão exigidos muito esforço, compreensão e competência.

Por esta razão, nesta carta quero tratar de um tema também delicado e importante.

Refiro-me aos "velhos de casa". Ou seja, os funcionários, fornecedores e clientes que se acostumaram ao relacionamento pessoal com a figura do fundador.

Minha experiência indica, inclusive, uma particularidade muito singular das empresas familiares. De maneira geral, na primeira geração, a lealdade não é à empresa, mas sim à figura do fundador. Dessa forma, ela não é facilmente transferível.

É bom lembrar que, ao utilizarmos a expressão "velhos de casa", não o estamos fazendo de forma pejorativa. Mas ela tem um caráter afetuoso e de reconhecimento a estas pessoas. De maneira geral, estas pessoas têm na empresa — e especialmente na figura e relacionamento com o fundador — a referência mais importante de sua vida. E não apenas sob a perspectiva profissional, mas também pessoal.

Também é usual encontrar neste conjunto de pessoas algumas que, com o passar do tempo, concentraram muito poder, por delegação do fundador, competência ou até uma inconsciente tentativa de tornar-se "insubstituível".

Todos nós sabemos que de insubstituíveis o cemitério está cheio. Ou seja, ninguém é insubstituível.

A preocupação principal do herdeiro deve estar com o conjunto deste grupo que concentra muito poder. E este é um trabalho que ele não poderá fazer sozinho.

A conquista não apenas da simpatia desta "turma", mas muito mais, da cooperação para que seja evitado, inclusive, um boicote, deve ser uma tarefa conjunta entre fundador e herdeiros. Especialmente aqueles que assumirem o papel de sucessores na gestão da empresa.

É bom clarificar o que entendemos por "concentrar poder", uma vez que esta expressão é abrangente. Referimo-nos a pessoas que possam ser detentoras de informações, fórmulas, patentes, cadastros, contatos ou cumplicidade com eventuais condutas duvidosas ou ilícitas do fundador no trato de temas tributários, informalidade ou "maquiagem" contábil. Enfim, tudo aquilo que possa ser usado de forma clara ou escusa em prejuízo da empresa, da família ou dos seus acionistas.

É recomendável tratar estas pessoas de forma respeitosa, procurando valorizar sua contribuição à empresa. Mesmo que elas não sejam mais úteis ou satisfatórias para os novos desafios, nada justifica um tratamento desrespeitoso.

Devem-se implementar programas de recolocação profissional, preparo para aposentadoria ou pós-carreira, estímulo para novas atividades ou até o aproveitamento em Conselhos ou consultoria a clientes ou fornecedores. Não seria lógico, nem conveniente, que a empresa desperdiçasse estas pessoas e seus conhecimentos ou informações.

Reitero que tanto a estratégia como a operacionalização destas ações deverão ser muito bem articuladas entre o fundador e seu sucessor. Caso contrário, o herdeiro poderá perder muito tempo, esforço e até encontrar dificuldades para ocupar seu espaço.

A transferência desta relação de confiança que os funcionários depositam no fundador poderá exigir uma gradativa troca de pessoas em posições-chave. Mas, sozinho, o herdeiro não poderá fazer isto de forma harmônica e produtiva.

Eis mais um tema para você considerar no seu projeto. Especialmente se você está na categoria de um sucessor na gestão.

Bom trabalho e muita sensibilidade. Este equilíbrio não lhe fará mal.

Cordialmente.

Este livro foi impresso nas oficinas da
Gráfica Kunst, em Petrópolis/RJ